TOEIC 800
따라하기

TOEIC 800 따라하기

전연진 지음

harmonybook

이 책에 토익 점수를 획기적으로 올릴 수 있는
혁신적인 방법은 없습니다.

그저 여러 번 보고 다시 본,
정석적인 공부 방법이 있음을 말씀드립니다.
이대로만 한다면 여러분도 하실 수 있을 거라 믿습니다.

추천사

– YBM어학원 1타 강사 박혜원

2022년이 들어서고 나서, 토익은 점점 난이도가 진화되고 있습니다.

이전과 다르게 좀 더 실제 영어, 실무 영어에 가까운 어휘들도 파생되고 있으며, LC/RC 전반적으로 난이도가 까다로워지는 중입니다.

몇 년 전만 해도 간단하게 빠르게, 대충 한두 달 공부해서 나올 수도 있었던 시험일지도 모르나, 이제는 만만치가 않습니다.

실패를 거듭하기도 하고, 조금씩 진전하는 듯 하다가도, 어려운 문제들이 포진된 달에 시험을 응시하게 되면, 점수가 정체되는 시기를 겪기도 하는 것이 요즘의 토익입니다.

해외 거주 경험이 있거나, 어릴적부터 영어 학습에 흥미를 느끼거나, 타고난 어휘력이 있는 사람이 아니라면, 우리 모두 토익이라는 시험이 그렇게 만만하지만은 않습니다.

특히나 학교를 병행하거나 직장과 병행하면서 하루 24시간 내내 토익에 올인할 수 없는 시간적 제약이 있는 환경이라면 더더욱 멀고 험난해 보이기만 합니다.

혼자서 시중의 문제집 한두 권만으로 명쾌하게 해설지의 내용을 이해하며 문제를 푸는 것도 쉽지 않고, 사실 어디서부터 공부를 시작해야할지, 어느 파트가 토익에서 특히 어려운지, 또는 어느 파트부터 목표점수에 맞춰 학습하는, 소위 말하는 "선택과 집중"을 하며 효율적으로 공부할 지 계획을 잡는 것이 쉽지 않기 때문에, 때로는 먼저 토익 목표를 달성한 수험자의 경험을 전해듣고, 공부 방법을 추천 받는 것도 좋은 방안이 될 수 있습니다.

　토익이라는 시험을 목표점수 이상을 달성하기 위하여 열심히 학습하고, 그 과정 중에 박혜원 인강을 학습하고, 박혜원의 교수법에서 토익 학습에도 큰 도움을 받았다는 전연진씨와 연락이 우연히 닿게 되어, 이 도서를 전반적으로 읽어보았습니다.

　학습을 하면서 본인이 직접 깨닫게 된 효율적인 공부 방법들, 토익이라는 시험을 치르기 위해서는 꼭 외워야 할 내용들, 최대한 효율을 줄 수 있는 복습 방법, 방대한 양치기보다 꼭 봐야 할 자료나 도서 추천, 더 나아가서 시험장 당일에 스스로 터득한 주의사항까지 수험자의 소중한 경험과 시각으로 잘 정리되어 있는 도서입니다.

토익강사와 같은 전문가들이 제안하고 추천하는 방법은 말 그대로 전문적이지만, 강사별로 강의법과 강조하는 부분이 다를 때도 많습니다.

시험장에서 느끼는 당황감과 영어 비 전문가로서 오는 어려움과 막힌 듯한 기분, 그리고 비 전문가가 토익 고득점을 달성하기 위해서 갖춰야 할 멘탈과 꾸준함 등은, 사실 전문가나 제 3자가 아닌 수험자 자신이 가장 생생하게 전달할 수 있을 겁니다.

나의 옆에 강력한 길라잡이가 없고, 학원을 다닐 수 있는 상황이 아니며, 어디서부터 토익 공부를 시작해야 할지 막막한 수험자들에게 현실적인 조언은 물론이고 좋은 학습 파트너가 되어 줄 도서라고 생각합니다.

모쪼록 이 책의 저자이며 인강 수강생 출신인 전연진씨의 토익 수기의 집필을 축하드리며, 많은 수험자들의 빠른 토익 졸업을 응원합니다.

— 제1장
토익 점수 따기 방법

제4장
듣기·읽기 능력 향상법

제5장
맺음말 : 토익은 시험일 뿐이다 199

들어가며

토익 공부, 회사 일. 그것이 무엇이든 해본 거라면, 나름의 경험이 있다면 잘하든지 못하든지 어찌 됐든 하던 대로 할 수 있다. 새로운 학교로 진학하고, 회사에 새로 취업하고, 새로운 근무지로 발령이 나도 지내다 보면 또 어떻게든 적응해서 지낼 수 있다.

힘들고 어려운 시기는 무언가를 처음 새로 시작할 때, 그리고 시작을 준비할 때다. 어떤 순서와 절차로, 무엇을, 어떻게 해야 하는지 잘 모르는 초보 시절, 그때가 막막하고 부담스럽다. 몸도 마음도 뭔가 불편하다.

이럴 때, 누군가가 언제, 무엇을, 어떻게 하면 된다고,

그리고, 그 과정에서 이런 문제 저런 문제가 발생할 수 있다는 것을,

그리고 그 문제들을 어떻게 해결했고 또는 어떻게 실패했다고 설명해 준다면,

그러면 새로운 일을 시작하면서 스스로 그림을 그려볼 수 있다. 현실적인 목표를 설정하고, 언제 무엇을 하고, 그리고 지금 당장은 무엇을 어떻게 할 것인지, 계획을 설계해 볼 수 있다.

대학 1학년 때 재미삼아 친구들과 모의 TOEIC을 본 이후 한 번도 쳐다보지 않던 TOEIC을, 25년 만에 토익이란 걸 해보기로 했을 때, 뭐부터 시작해야 하는지 막막했다. 사실상 영포자였던, 현재도 영포자인 나

인데, 내가 할 수 있을까? 영어를, 토익을?

고등학교 때 영어를 조금만 더 잘했어도 중위권이 아닌 상위권 대학에 갔을 것이다. 대학 때 영어를 그저 남들만큼만 했더라면 더 좋은 조건의 직장에, 더 빨리 취업했을 것이다. 그렇게 내 인생의 걸림돌이었던 영어를, 대학교 1학년 이후 쳐다도 안 봤던 TOEIC을 시작하기로 했을 때, 뭐부터 시작해야 할지 감을 잡기 어려웠다.

도서관에도 가보고, 서점에도 가보고, 유튜브도 찾아보고, 네이버한테 물어도 보고, 인터넷 강의도 듣고, 그러면서 방향을 잡아갔지만, 시중에는 그리고 인터넷에는 토익에 대한 너무 많은 정보가 돌아다니고 있었고, 그 중에는 시간낭비했다고 생각되는 불필요한 정보도 꽤 있었다.

토익을 준비하면서 고민했던 것들, 찾아봤던 것들을 보기 편하고 잘 읽힐 수 있도록 정리했다. 토익을 처음 시작하는, 시작한 지 얼마 안 되는 토린이들이 이 책을 통해서 필요한 정보가 어디에 있고, 어떻게 찾을 수 있고, 그리고 무엇을 해야 하는지 감을 잡고 전체 그림을 그린 상태에서 토익에 임할 수 있기를 바란다. 시행착오를 최소화하고 힘든 상황이 있어도 잠깐만 쉴 뿐 포기하지 않고, 그래서 조기에 토익을 졸업하시기를 진심으로 기원한다.

제1장

토익 점수 따기 방법

1. 토익 단어장은 필수다

공부방법을 찾아보자

토익을 공부하기로 마음먹고('20년12월) 일단 도서관에 가봤다. 토익책은 많았다.

이책 저책 뒤져봤는데 주로 문제집들이었다. 그러다 우연히 **"군대에서 토익 900"**이라는 책이 눈에 띄었다. 부제가 **"3개월 만에 독학으로 토익 정복하기"**였다.

쓱 봤더니… 내가 찾던, 바로 그런 종류의 책이다! 토익을 공부해서 목표점수를 따낸 경험을 적은 책이었다.

저자 공병우는 군 복무 중이었고, 나는 회사에 다니고 있다. 둘 다 공부에 몰방할 수 있는 상황이 아니라는 공통점이 있었다. 그리고 코로나19 때문에도 그렇지만 나이 먹고 학원 다니는 것도 민망해서 인강 같은 거 들으며 독학 하려고 했었다. 게다가 저자도 영어에 자신이 없었고, 나도 영어에 자신이 없었다.

　참고로 대학 1학년 때 학교에서 하는 토익 특강을 잠깐 수강하고 친구들과 함께 모의 토익을 한번 봤는데 280점 맞은 적이 있다. 이후 나는 친구들에게 "영어 못하는 놈"으로 낙인찍혔다.

　이 책에서 무엇보다도 강조하는 내용은 토익 단어장을 통째로 외우라는 것이다. 저자는 1달 동안 단어장을 통째로 외우고 나서, 2달 동안 모의고사를 매일 1세트씩 풀고 복습한 후, 첫 시험에서 895점, 한 달 뒤 2번째 시험에서 945점을 맞았다고 한다. 단어장을 외우고 나니 토익이 만만해졌다고 했다.

　메시지가 Simple하고 뚜렷했다. 별 고민 없이 선택했다.

좋다! 이대로 해보자!
토익 단어장을 사서 일단 외워보기로 했다!

단어장을 고르자

먼저, 단어장을 골라야 했다. 블로그와 유튜브 2개 경로로 검색해 봤는데 토익 단어장에 대한 대부분의 평가는 **"필요하다, 다만 어떤 거를 사도 크게 차이 없다"**라는 거였다.

대부분의 기출 단어나 예문들이 시중에 돌아다니고 있었기 때문에 단어의 뜻이나 예문 같은, 내용 자체가 부실한 경우는 거의 없고 주로 편집에서 차이가 난다는 거였다.

나는 영어 전문가가 아니다. 각 단어의 배열 원리, 예문의 정확도 등을 판단할 수도 없고 판단할 필요도 없다. 시험에 많이 나오는 단어를 쉽게 볼 수 있도록 배열해놨다면 그걸로 됐다. 그래서 제일 잘 팔리고 제일 유명한 거를 선택하기로 했다.

토익 단어장 중 제일 잘 팔리는 책은 **노랭이**와 **파랭이**였다. 처음엔 노랭이, 파랭이가 뭔지 몰랐었는데 노랭이는 해커스, 파랭이는 YBM에서 나온 토익 단어장을 말한다.

노랭이와 파랭이 모두 30일 완성을 기본 포맷으로 하고 있다. 둘 다 Day1부터 Day30까지 30개 Chapter로 구분되어 있다. 단어가 큰 글자로 나오고 뜻과 예문, 동의어나 유사어가 나온다는 기본 구성도 비슷하다.

빈출 단어를 각 Chapter에서 예문 등과 함께 소개하고, 기출 단어지만 상대적으로 출제빈도가 낮은 단어들은 각 Chapter 마지막

DAY1-10 구성 비교

	노랭이	파랭이
Day1	백수탈출 - 채용	Part1. 사진묘사필수어휘(1)
Day2	드레스코드 - 규칙·법률	------------------(2)
Day3	사무의 달인 - 일반사무(1)	Part2. 질의응답필수어휘(1)
Day4	업무 노하우 - 일반사무(2)	------------------(2)
Day5	비밀병기 - 일반사무(3)	Part3. 대화문필수어휘(1)
Day6	쉴 휴(休) - 여가·공동체	------------------(2)
Day7	마케팅 전략 - 마케팅(1)	------------------(3)
Day8	글로벌 마케팅 - 마케팅(2)	Part4. 담화문필수어휘(1)
Day9	경제 살리기 - 경제	------------------(2)
Day10	쇼핑의 고수 - 쇼핑	------------------(3)

부분에 단어와 뜻 정도만 간단히 정리해놓은 것도 유사하다. 책 크기도 둘 다 아이패드 정도 크기로 같고, 심지어 책값도 12,900원으로 같았다.

두 단어장의 가장 큰 차이점은 **노랭이는 주제별, 파랭이는 토익 Part별**로 나누어져 있다는 것이다.

Day1에 소개하고 있는 단어만 비교해 보자.

노랭이 Day1 주제는 "백수 탈출-채용" 이다. RESUME(이력서), OPENING(공석), APPLICANT(지원자,신청자) 등 일자리와 관련된 단어들을 모아놨다. 따라서, 특정 분야의 단어들을 연결해서 암기할 수 있는 장점이 있다.

〈 노랭이 Day1 첫 2페이지 〉

내가 책 구매할 때 주로 이용하는 인터넷 서점인 YES24에서 Review를 검색해 봤다.

▶ 출제 비율별로 중요도가 표시되어 있어 빠르게 볼 때 편하다

▶ 기초단어, 800점, 900점 단어로 나눠 있어 공부하기 편하다

▶ 구성이 잘 되어있고 보기 좋아서 토익 공부가 수월해진 느낌

▶ '베스트 셀러' 이유가 있다. 기출 단어 외우는데 최고다

파랭이 Day1 주제는 "사진묘사 필수 어휘" 이다.

HOLD(들다,잡다), ARRANGE(정리하다), PASS(지나가다,건네다)

〈 파랭이 Day1 첫 2페이지 〉

등 사진을 묘사하면서 나올법한 단어들을 모아놨다. 토익을 경험해 본 결과, Part1에서 자주 접하게 되는 단어들이었다.

마찬가지로 YES24에서 Review를 검색해 봤다.

▶ Part별로 나뉘어 있어 공부하기 수월했다

▶ 출제기관에서 출판한 공식수험서라는 점이 가장 큰 매력이다

▶ 실제 기출 예문이 나와 있어서 출제 경향을 알기 쉽다

▶ 단순 단어장보다는 단어 위주 토익 문제집이라 할 수 있다

▶ 단어뿐 아니라 예문도 토익 성우의 목소리로 들을 수 있다

나는 파랭이로 결정했다.

결정적 계기는 어느 유튜버의 추천이었다.

'토익 VOCA'로 유튜브를 검색하다가 어느 토익 강사의 유튜브 채널을 보게 됐다. 그는 평소 영어단어를 단어장으로 외우는 것은 "참으로 쓸데없는 짓"이라고 생각한다고 했다. 단어는 문장을 통해서, 실제 사용되는 사례로 익혀야 살아있는 공부라고 했다.

그런 그가 딱 하나 추천하는 단어장이 있었으니 그게 "파랭이"였고, 그 이유는 "어디선가 본 듯한 예문"이었다. 즉, 토익 강사로서 여러 차례 토익을 쳐봤는데 토익 시험에 출제됐던 문장이 단어장의 예문으로 나와 있다는 거였다.

이 유튜브를 보고 크게 고민하지 않고 파랭이를 주문했다. Yes24 주문 날짜를 확인해보니 2020년의 마지막 날인 12월 31일이었다. 자 이제 시작이다!

☞ 지금 생각해보면, 노랭이든 파랭이든 크게 관계없었다. 실제로 난 단어만으로도 벅찼고, 예문까지 보거나 들을 여력이 없었기 때문이다.

☞ 단어장 주문할 때 거금 3,000원을 내고 "스프링 분책"을 주문했다. 갖고 다니기 편한 것도 있지만, 20년 만에 영어공부 다시 하는 것 자체가 부담인데 책까지 두꺼웠으면 마음이 더 무거웠을 듯하다.

단어를 어떻게 외워야 하나?

"군대에서 토익 900"에서 추천한 대로 2달간 단어장을 외우기로 했다. 단어장, 즉 Vocabulary 책으로 단어를 외우는 방법은 여러 가지 방식으로 소개되어 있다.

먼저, 노랭이와 파랭이에 소개된 학습 일정 짜는 법이다. 두 책 모두 구성 자체가 Day1부터 Day30으로 나뉘어 있으므로 기본은 하루에 1Day 씩 30일 동안 공부하는 일정이다.

거기에 초심자라면 좀 더 꼼꼼히 반복할 것을, 기초가 닦여 있는 중급자라면 빠르게 훑어볼 것을 추천하고 있다. 즉, 초심자는 2일 진

〈 파랭이 학습 일정 〉

〈 훈글리시 단어 테스트 방법 〉

도 나가고 하루 복습하고, 다시 2일 진도 나가고 다시 복습하는 방식으로 "차근차근 45일 프로젝트", 고수는 하루에 2Day 씩 "빠르게 15일 프로젝트"를 추천하고 있다.

  유튜브로 "토익 단어공부법"을 찾아봤고 그중 몇 가지를 소개해 보겠다. 먼저, **"훈글리시"**라는 채널이다. 토익 700~800점을 목표로 하는, 영어가 좀 생소한 사람들을 위한 방법이다.

〈 첫째 날 〉

① 단어와 뜻 위주로 **순서대로 간단하게** 봐라

  ▶ 세부 용법 같은 디테일은 스킵

  ▶ 10개든 20개든, 40개 내외의 1Day 든 본인 역량에 따라

② 역순 또는 랜덤으로 **다시 한번** 봐라

  ▶ 순서대로 다시 보면 단어의 위치만 외우게 될 수 있다.

③ 뜻을 가리고 **자체 테스트**를 해봐라

　　의미가 "바로 와 닿지 않는 단어"는 **별표 체크**

④ 뒤에서부터 **별표 표시한 단어만 다시** 본다

⑤ 다시 테스트해보고 "바로 와 닿지 않는 단어" **별표 추가**

⑥ **별표 3개 이상 단어만 별도**로 적어서 들고 다니며 본다

〈 둘째 날 〉

① 첫날과 마찬가지 방식으로 Day2 단어를 보고, **테스트하고, 별표 표시하고,** 다시 테스트하고 별표 표시한다

② **Day1**에서 별표 쳤던 단어를 **다시 한번 본다**

〈 셋째 날 〉

① Day3 단어를 보고 테스트하고, 별표 표시한다

② **Day1·2**에서 별표 쳤던 단어를 **다시 한번 본다**

〈 넷째 날 〉

① Day4 단어를 보고 테스트하고, 별표 표시한다

② **Day1·2·3**에서 별표 쳤던 단어를 **다시 한번 본다**

〈 다섯째 날 〉

① Day5 단어를 보고 테스트하고, 별표 표시한다

② Day1·2·3·4에 별표 쳤던 단어를 **다시 한번 본다**

〈 여섯째 날 〉

① Day6 단어를 보고 테스트하고, 별표 표시한다

② 5번 반복했으니까 충분하다. **Day1을 버린다**

③ **Day2·3·4·5에 별표 쳤던 단어를 다시 한번 본다**

"훈글리시"에서는 이런 방식으로 새로운 단어 외우기보다 외웠던 단어들을 반복해서 숙지하는 것을 권장한다. 단어의 의미가 "바로 와 닿는"다는 것은 Happy, Love처럼 우리가 따로 의미를 생각하지 않아도 그냥 그 이미지가 떠오르는 상태를 말한다. 달리 말해 이미지가 바로 그려지지 않는다면 그 단어는 아직 "내 것"이 아니라는 의미이기도 하다.

그리고, "훈글리시"는 토익 900점 이상의 고득점을 목표로 하는 사람들은 딱 1개 과정만 추가하라고 한다. 처음 단어를 보기 전에 단어 의미를 가리고 의미를 유추해 보라고, 단어의 뜻이 떠오르지 않으면 품사, 즉 그 단어의 역할이라도 유추해 본 후에 암기할 것을 권장한다.

왜냐하면, 고득점을 맞으려면 꽤 어려운(어렵다=익숙하지 않다) 단어들이 나오는 지문에서도 답을 맞혀야 하는데 정확하게는 몰라도 대강의 뜻이라도, 또는 동사인지 명사인지 품사라도 유추할 수 있어야, 대충의 느낌을 알 수 있어야 어려운 문제를 찍어서라도 맞춰낼 수 있다는 것이다.

또 다른 유튜버 "서울대 정선생"이다. 토익은 아니고 텝스를 봤는데, 처음에 434점에서 6개월 후에 776점까지 끌어올려서 서울대의 학전문대학원에 합격할 수 있었다고 한다.

그 기본은 영단어 암기였고, 텝스의 세부분야별 점수에서 어휘력이 최초 44점에서 91점까지 올라갔던 게 그 바탕이 되었다고 한다. 참고로 91점이면 원어민 수준의 어휘점수라고 한다.

이 채널에서는 영어문장을 보면서 그중에 모르는 단어를 외우는 것은 영어 기초가 꽤 되는 사람에게 적합한 고급방법이고, '영알못'들은 단어장을 외우고 시작하는 것을 추천한다. 그리고 단어장을 외우는 가장 간단한 방법은 "1백 번 보기"라고 얘기한다.

헐. 1백 번 보는 게 쉬운가?

그래서 단어장 볼 때 단어를 외우려 하지 말고,

① 뜻을 손으로 가리고

② 살짝 발음해보면서

③ 의미를 생각해보고

④ 눈으로 확인하고

⑤ 넘어가라라고 한다.

"눈에 바른다"는 표현을 사용하는데, 어쨌든 살짝 발음해보든가 아니면 그냥 눈으로만 보면서 '스키밍'하라는 것이다.

왜냐하면, 하루에 1Day 씩 차근차근, 써가면서, 고심해서 외우려고 하면 분명 지치게 되고, 결국, 단어장을 포기할 확률이 높기 때문이다.

결국 "훈글리시"와 같은 원리다. "서울대 정선생"은 하루 치 진도를 아침, 점심, 저녁으로 하루에 3번 반복했고, 아침·점심·저녁에 각각 3번씩 훑어봤다고 한다. 즉 하루 분량 진도를 하루에 9번 본 것이다.

그리고 나서는 역시나 무한 반복이다. Day2에 Day1을 다시 보고, Day3에 Day1·2를 다시 본다. Day4에는 Day2·3을 다시 보고, Day1은 테스트해서 아는 단어를 선별(바로 와 닿지 않는 단어만 표시)한다.

주의할 것은, 무한 반복이라는 게 굉장히 힘들고 지치게 한다는 것이다. 그래서 "서울대 정선생"은 늘어지지 않고 집중해서, 짧은 시간 내에 단어를 훑어보기 위해 스톱워치 사용을 권장한다. 1단어를 한번 보는데 1초 넘기지 말고, 1Day 단어가 40개 정도라고 하면 최대 1분 이내에 1Day를 끝내라고 한다. 그렇게 되면 Day7에는 7개 단원을 아침·점심·저녁 3번 보게 되니까 21분이 소요된다는 것이다.

단어장 외우는 게 힘들고, 지겹고, 하다 보면 '토' 나오는 과정이긴 하지만, "서울대 정선생"처럼 이 과정을 반복하고 반복하고, 또 반복할 수 있다면 영어단어와 영어시험에 충분히 자신감을 느끼게 될 것 같다.

〈 서울대 정선생 학습 일정 〉

	훑어보기	1차 선별	2차 선별
Day1	Day 1		
Day2	Day 1, 2		
Day3	Day 1, 2, 3		
Day4	Day 2, 3, 4	Day 1	
Day5	Day 3, 4, 5	Day 1, 2	
Day6	Day 4, 5, 6	Day 1, 2, 3	
Day7	Day 5, 6, 7	Day 2, 3, 4	Day 1

역시 쉽지 않더라

또 다른 유튜브 **"J제이 토익독학 원리"**에서도 토익 단어 외우는 방법을 소개하고 있다. 같은 원리다.

토익은 LC, RC 둘 다

"❶ 듣기·읽기 → ❷ 번역하기 → ❸ 이해하기" 3단계가 아니라

"❶ 듣기·읽기 → ❷ 이해하기" 2단계로 접근해야 한다는 것이다.

즉, '듣자마자, 읽자마자' 이미지가 바로 떠 올라야 한다. 그러기 위해, 단어를 이해하고 암기하는 것이 아니라 그냥 여러 번 반복해서 보라고 한다. 아는 단어는 바로 건너뛰고, 모르는 단어는 체크만 해놓고 빠르게 지나가기.

나는 영어학 박사들의 얘기를 듣고 싶은 생각은 없었다. 나와 비슷한 상황, 즉 영어를 잘하지 못한다고 생각하는, 영어에 자신 없는 사람들이 쓸 방법을 찾고 있었고, 몇 군데 유튜브 채널에서 공통적으로 제시하고 있는 **"그냥 여러 번 봐라"**가 정답이라고 생각했다.

그래서 그냥 그렇게 하기로 했다. Day1을 보고, 다음날 1·2를 보고, 그다음 날 1·2·3를 보고, 그다음 날 Day1을 제외하고 2·3·4를 보기로 했다.

하지만.

일주일도 안 돼서 두손 두발 다 들었다. 지쳐버렸다.

젠장… 생각났다….

내가 중학생 때, 제목은 생각나지 않지만, 중학생용 노란색 단어장 책이 있었다. 아마 중학생의 70~80%는 가지고 있었을, 그런 베스트셀러였다.

나도 있었지만, 그 단어장을 결국 1회 독을 못 했던 거 같다. 참고로, 나는 당시 영문법 바이블이었던 "성문기초영문법"도 1회 독을 못 했다.

단어를, 단어장을, 반복하고 또 반복해서 보는 건 분명 효과가 있을 거 같기는 한데… 너무 지루했다. 계획을 수정해야 했다.

1백 번 반복은 무슨… 단어장은 그냥 1회 독이라도…

1달 조금 넘겨서 겨우 1회 독을 마쳤고, 다시 보지 않았다.

나 같은 '의지박약형 인간'이 꽤 있을 거 같다. 그래도 너무 걱정하지는 마시라.

내 성적표다. 1월1일 토익을 시작해서, 2월21일 첫 시험에서 440점을 맞았지만, 그로부터 4개월이 더 지난 6월21일 목표했던 800점을 넘겼다.

"군대에서 토익 900"과 유튜버들이 얘기한 대로 단어장을 통째로 외웠더라면 3월이나 4월에 800점을 달성했을 수도 있었을지 모른다.

하지만, **뭐 어떤가? 좀 늦어지긴 했어도 하긴 했다.** 그게 중요하다. 목표에 도달할 때까지 하면 목표에 도달하게 된다.

물론 지름길로 갈 수 있는 사람은 지름길을 권장한다.

성적 유효기간은 시험일로부터 2년 뒤 해당 시험일까지 입니다.

일자	점수 / 수험번호
2021.06.12(토)	Total 820 (LC 430, RC 390) 수험번호 : 114906
2021.05.23(일)	Total 735 (LC 375, RC 360) 수험번호 : 155137
2021.04.25(일)	Total 685 (LC 330, RC 355) 수험번호 : 117580
2021.04.11(일)	Total 705 (LC 320, RC 385) 수험번호 : 134704
2021.03.28(일)	Total 610 (LC 300, RC 310) 수험번호 : 129527
2021.03.14(일)	Total 625 (LC 295, RC 330) 수험번호 : 118221
2021.02.21(일)	Total 440 (LC 245, RC 195) 수험번호 : 103989

2. 기본강의가 나한테는 도움 되더라

기본강의 필요 없어?

앞에서 얘기한 대로 토익을 시작하면서 공부방법의 기본으로 삼은 것은 "군대에서 토익 900"이었다. 이 책은 토익 단어장을 외우고, 바로 실전 모의고사를 통해 문제 적응력을 키우면 충분히 800점, 900점을 맞을 수 있다고 한다.

주변에 최근 토익 시험을 쳐서 800점을 맞은 회사 동료가 있었는데, 그는 아예 단어장도 보지 않고 바로 모의고사를 통해 문제 유형을 파악하면서, 부족한 단어를 외웠다고 했다. 기본강의는 시간을 너무 많이 잡아먹고, 시험에 그다지 중요하지 않은, 아주 가끔 출제되는 지엽적이고, '관계대명사'라든가 '도치법' 같은 문법 자체에 집중한, 쓸데없이 어렵기만 한 내용도 꽤 다룬다고 했다.

하지만, 나는 토익 어린이 중에서도 완전, 진짜, real 토린이였다. 옛날에 모의 토익을 본 적이 있다는 사실만 기억날 뿐, 토익의 세부적인 내용은 머릿속에 아무것도 없었다. 토익이 Part1부터 Part7까지 구성되어 있다는 것도, 이게 어떻게 구분되는지도 몰랐다. 게

다가 영어는 그간 계속해서 내 인생의 태클이었고, 대학 입학할 때 취업할 때 계속 나의 약점이었다. 난 원래 영어가 너무 싫었던 사람이다.

어느 정도 토익에 익숙하고, 영어에 조금이라도 자신감이 있는 사람은 기본강의를 듣지 않더라도 성과를 낼 수 있다는 것에 동의한다. 하지만, 나는 토익이 뭔지도 몰랐고, 특히 LC는 한 번도 해본 적이 없었다.

나는 재수해서 95학번이지만 원래 94학번이었고, 대입으로 수능이 처음 시행되던 해였다. 이전 학력고사 때 영어는 Reading이 전부였고, Listening은 아예 평가체계가 없었다. 수능이 처음 시행되면서 영어 40문제 중에 Listening이 5문제 포함됐다. 어렴풋하지만 난 Listening 5문제를 가볍게 포기했던 거 같다. 1문제에 보기가 5개였으니까 한 번호로 찍으면 확률적으로 1문제는 맞는다. 뒤늦게 Listening 공부해봤자 잘해봐야 2개나 3개 밖에 못 맞을 거 같았다. 그 시간에 차라리 사탐, 과탐을 하기로 했다.

그래서 난 평생에 영어 Listenig을 제대로 시도해 본 적도 없었다. 당연히 어떤 식으로 문제가 나오고, 어떻게 준비해야 하는지 몰랐다. 일단 토익이 어떻게 구성되어 있는지, 그래서 구체적으로 무엇을 어떻게 준비해야 하는지 알아야 했다. 단어를 외우고 모의고사를 보는 거만으로는 자신이 없었다.

하지만, 기본강의에 대해서는 시간이 너무 오래 걸린다는 평이 많았다. 그래서, 내가 가지고 있는 기본강의에 대한 인식은 **"꼭 필요하지는 않고 시간이 오래 걸린다, 그런데 나한테는 좀 필요한 거 같다"** 정도였다.

토익으로 유명한 인강 사이트에서 상대적으로 짧은 기본강의를 찾아보기로 했다.

〈TOEIC 인강 주요사이트〉

〈시원스쿨〉

〈YBM〉

〈해커스〉

〈파고다〉

들어봤더니 나한테는 필요했다

인터넷을 검색해본 결과 내가 선택한 기본강의 인강은 YBM 박혜원 강사의 "ETS TOEIC 단기공략 750+"이었다.

토익으로 제일 유명한 학원이 YBM하고 해커스였다, YBM과 해커스 인강 사이트에 가서 강의들을 훑어봤는데, 박혜원 강사가 가장 많이 눈에 띄었다. 소위 말하는 "1타 강사"였던 거다. 그리고 무엇보다도 강의 제목이 마음에 들었다.

"단기공략"이라는 단어가 너무 많은 시간 소요라는 나의 우려를 감소시켜 줬다. **"750+"**라는 강의목표도 적절했다. 난 900 이상의 고득점이 필요하지는 않았다. 그렇다고 600점대를 목표로 하는 기초강의를 듣는 것은 불필요한 시간 소모 같았다. 난 800점 정도가 필요했고, 기본강의로 다 끝낼 수 있을 거라고 기대하지도 않았으므로 "750+"는 나에게 딱 맞았다.

Sample 강의를 들어보니 괜찮아 보였다. 자신이 하는 강의에 자신 있어 보였다. 정보의 바닷속에서 헤매고 싶은 생각은 없었다. 제목이 마음에 들고 Sample 강의가 나쁘지 않은 거 같아 일단 수강신청하고 진도를 뽑기로 했다. 알고 보니 "ETS TOEIC 단기공략 750+"은 강의 제목이기도 했지만 원래 책 제목이었다. 뭐 어떠냐, **일단 진도를 빼는 게 중요하다.**

1월 11일 수강을 시작했고, 2월 18일 마지막 강의를 들었다. 총 30강이었으니 하루에 1강 조금 안 되게 진도를 나간 셈이다. 강의를 들으면서 그리고 다 듣고 나서, 난 기본강의 듣기를 잘했다고 생각했다.

우선, 토익의 기본 구조를 알려줬다. Part1부터 4까지 LC, Part5부터 7까지 RC로 구성되어 있고, LC와 RC 각각 100문제씩 495점 만점인데 LC는 45분 RC는 75분이 주어진다. Part별로 문제 유형이 어떻게 다르고, 그래서 Part별, 문제유형별 접근방식도 달리해야 한다는 것도 여기서 알 수 있었다.

〈 TOEIC 기본 구조 〉

	파트	파트별 문항수			시간 / 배점
Listening Comprehension	1	사진묘사	6	100	45분 / 495점
	2	질의응답	25		
	3	짧은 대화	39		
	4	설명문	30		
Reading Comprehension	5	단문 공란 메우기(문법/어휘)	30	100	75분 / 495점
	6	장문 공란 메우기	16		
	7	독해	단일지문	29	
			2중지문	10	
			3중지문	15	

Part별 접근방식(태도)을 간단히 소개하면,

LISTENING

Part1 사진을 적절하게 묘사한 문장 찾기 6문제인데 크게 공들일 필요 없음

Part2 짧은 질문에 대한 대답 또는 상대방 말에 대한 적절한 대꾸 찾기 25
문제인데 후반부 10~15문제는 멘붕 올 수 있으므로 우수수 틀린 거
같아도 멘탈 붙잡아야 함

Part3·4 2–3인의 짧은 대화 39문제, 1인 담화 30문제인데, 한 지문에 3문
제씩 시간 순서대로 나오고 정답 힌트가 순식간에 지나가 버리므로
못 들은 거 같으면 고민하지 말고 바로 찍은 후에 다음 문제로 넘어
가야 함.

READING

Part5 문법·어휘 30문제. 절반 정도는 해석할 필요 없이 기계적으로 맞출
수 있음(이게 제일 충격이었음)

Part6 16문제인데, 문법·어휘·독해가 섞여 있으므로 Part5와 7을 공부하
다 보면 자연스럽게 올라감

Part7 독해 54문제. '지문에서 답만 찾아내기' 같은 족집게 문제풀이 방식
을 알면 일정 부분 도움이 되지만, 결국 문장구조에 대한 이해와 어
휘력이 관건임 단기간에 급성장시키기 쉽지 않음

무엇보다도, 기본강의를 완강한 것은 토익에 도전해도 되겠다는, **시험에 응시할 기본 자격은 갖췄다는 자신감**을 주었다. 이제 모의고사를 풀어보고 실전에 도전하면 된다.

토익을 시작하면서 스스로 1차 마감기한을 주기 위해 2달 후인 2월21일 토익시험을 접수해 뒀다. 그런데, 단어와 기본강의를 듣다 보니, 처음엔 꽤 열심히 했었는데 1달 정도 지나서는 조금 해이해진 내 모습이 보였고, 이러다가는 기본강의도 다 못 듣고 시험을 치르게 생긴 상태였다.

접수해 놓은 시험은 다가오는데 그래도 최소한 기본강의는 다 마치고 시험을 보고 싶었다. 시험 보기 전 1주일 정도는 단어 내버려두고 남은 기본강의만 듣고 필기하고 복습했다.

2월18일 기본강의 듣기를 마치고, 시험 전날인 2월20일 드디어 기출문제집 1세트(1회차분)를 풀어봤다. 그런데… LC 다 풀고, RC 100문제 중 **60문제 풀었더니 시간이 끝나버렸다.** 실제 시험이었다면 무려 40문제를 문제는 보지도 못한 채 일렬로 찍어야 했다.

"기본강의를 더 빨리 끝냈어야 했는데", "문제를 더 많이 풀었어야 했는데" 하는 후회가 들었지만 이미 어쩔 수 없었다.

그렇게 멘붕이 온 상태에서 21일 첫 토익 시험을 봤다.

기본강의로 다 되는 건 아니다

토익 결과는 때에 따라 하루 이틀 차이는 있을 수 있지만, 보통 10일 정도 후인 다음 주 목요일 아침 06:00에 발표됐다. 지금은 하루 당겨져서 수요일 낮 12:00에 발표된다.

첫 시험을 보고 약간 낙담하긴 했지만, 혹시 모르는 것이다. 객관식이니까 찍은 게 다 맞을 수도 있다. 물론 기대는 안 했다. 다음 시험을 준비하기 위해 집중하고 있었지만, 하지만 도대체 몇 점이 나올는지 궁금하긴 했다. 05:00에 알람을 맞혀놓고 잤는데, 나름 긴장했나? 알람 울리기 전에 깨버렸다. 씻고 커피 한잔 마시고 문제 하나 풀면서 기다렸다.

06:00에 토익 사이트에 들어가서 점수를 확인했다. 첫 토익 시험 결과는 **990점 만점 중 총점 440점**이었다.

LC 245. RC 195.

아… 절반은 맞출 줄 알았는데… 내심… 그래도… 2달 공부했으니 600은 되겠지… 기대했는데… 현실은 냉혹했다.

LC는 거의 안 들리니 245점이면 그래도 선방했다고 할 수 있다. 더 처참한 건 RC였다. RC 시험시간 75분 중 15분 남았을 때, 그리고 마지막 5분 남았을 때 시험감독관이 남은 시간을 알려준다. 첫 시험에서 감독관이 15분 남았다고 했을 때, 난 RC 100문제 중 70

번 언저리를 풀고 있었고, 일단 그때까지 푼 것들은 답안지에 옮기고 다시 문제를 풀었다.

하지만 마음은 너무나도 급해지고 문제는 읽히지 않았고 허둥지둥하고 우왕좌왕했다.

마지막 5분 남았다고 할 때 75번 언저리를 풀고 있었다. 풀던 지문 세트를 마저 풀고, 나머지 문제는 과감하게 "B"로 찍었다.

전문용어로 '탑을 세운다'라도 하고 '만리장성을 쌓는다' 라고도 한다.

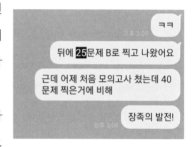

난 나이보다 흰머리가 많아서 염색하지 않으면 반백이다. 시험 종료 후 맨 뒤 응시생이 답안지와 시험지를 걷어갔는데, 마지막까지 답안을 적고 있는… 그것도 위에서 아래까지 똑같이 "B"로 찍어서 답안지를 넘겨주는, 머리 허연 아저씨를 안쓰럽게 쳐다봤던 게 잊히지 않는다.

다시 한번, '문제풀이로 바로 갔어야 했나?', '기본강의 듣는다고 시간만 버린 건가?'라는 생각이 잠깐 들기는 했지만, 내 경우는 기본강의 들으면서 문법도 다시 생각나고, 어떤 문제가 어떤 식으로 나

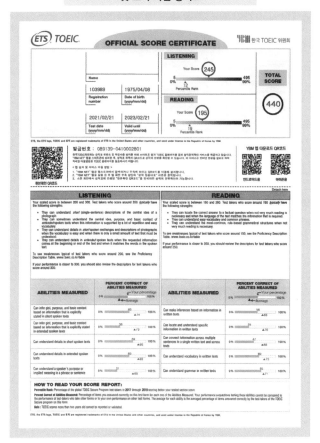

오는지 알 수 있는 과정이었다. 영알못, 토익이… 생소한 사람들은 자기 스타일에 맞는 기본강의를 찾아서 빠르게 한번 듣는 게 낫다고 생각한다. 만약 내가 단어장 후 바로 문제풀이로 갔다면, LC와 RC를 Part별로 어떻게 접근해야 하는지 영 모르고 헤맸을 거 같다.

약 1달의 시간이 걸리긴 했지만, 정말 1~2달 이내에 점수를 따야 하는 사람이 아니라면 기본강의를 통해 윤곽을 세우고 시험에 접근할 것을 추천한다. 물론 기본강의만 듣기도, 단어만 외우기도 지겨우니 시간을 쪼개서 두 개를 병행하는 게 가장 효과적일 것이다.

토익에 대해 예전에 경험이 있어서 어떻게 접근해야 하는지 알거나, 영어에 어느 정도 자신이 있는 사람들은 단어암기 후 문제풀이로 가거나, 아니면 아예 문제풀이만 해보고 바로 시험에 응시해도 성과를 낼 수 있을 것이다.

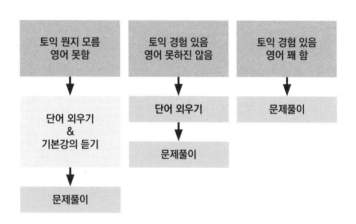

3. 자투리 시간에 더 잘 된다

온전한 공부시간 확보는 쉽지 않다

말씀드렸듯이 난 회사원이다. 그래서 최소 09시부터 18시까지는 회사에서 일을 해야 하고, 출퇴근 시간 1시간씩 포함하면 08시부터 19시까지는 회사에 메어있게 된다. 그래서 온전히 공부할 시간은 출근 전 새벽하고 퇴근 후 저녁인데, 출근 전에 일찍 일어나서 공부하고, 퇴근 후에 공부하는 거로는 충분한 공부시간을 확보할 수 없다.

자가용을 운전해서 출퇴근하는데, 순수한 차량 이동시간이 40~60분 정도 소요된다. 회사에 주차하고 그래도 09시 10분 전에 자리에 앉으려면 늦어도 08시에는 집에서 출발해야 했다.

그리고 출근 전에 아이들과 아침밥을 같이 먹는다. 아침밥이 성장기 영양에도 중요하지만, 아이들이 아침을 늦지 않게 시작하고 밥 먹으면서 이런저런 얘기하는 게 좋다. 이건 놓치기 싫었다.

그러려면 7시 정도에는 밥을 먹기 시작해야 밥 먹고, 씻고, 8시 전에 출근할 수 있다. 만약 6시에 일어나면 7시까지 1시간, 5시에 일어나면 2시간의 공부시간을 아침에 확보할 수 있다.

야근 없이 18시에 퇴근하더라도 집에 오면 19시가 좀 지나고, 씻고 저녁 먹고 하면 최소 20시, 그때부터 공부만 한다 해도 23시까지 3시간, 자정까지 한다면 4시간을 확보할 수 있다.

즉, 회사 이외의 장소에서, 내가 하루에 최대한 확보할 수 있는 시간은 매일 자정부터 05시까지 5시간만 잔다고 쳤을 때 새벽 2시간, 저녁 4시간 해서 최대 6시간이었다.

하지만, 나는 집중력 천재가 아니다. 매일 정확하게 5시간만 자고 일어날 자신도 없었다. 회사에서 야근하는 날도 있을 거고, 가끔은 집에서 맥주 한잔하는 날도 있을 거고, 아이들이랑 얘기하고 노는 날도 있을 거다.

무엇보다 중간중간 핸드폰 쳐다보는 시간을 무시할 수 없다. 또 딴 생각하거나 공부하기 싫거나 넋 놓고 있는 시간도 분명 있을 것이다.

그렇게 생각해보면 온전하게 공부에 집중할 시간은 하루에 4시간 정도다. 강의를 듣는다면 인강 2~3개 정도를 듣고 복습, 문제를 푼다면 LC 또는 RC 한 세트를 풀고 틀린 문제 정도만 간단히 해설 보면서 review 할 수 있는 시간이다.

실제 내가 LC+RC 1세트를 풀고 전체를 제대로 review 하는 데 다해서 6~7시간이 걸렸다. 일단 1세트 푸는 데 2시간 걸린다. 이후

LC 다시 들어보면서 안 들리는 부분을 반복해서 읽고 듣고, RC 하나하나를 다시 해석하면서 단어 및 패러프레이징 정리, 해석 안 되는 문장 정리, 오답 노트 만들기 등 제대로 된 복습하는 데만도 4~5시간이 걸렸다.

그러다 보니, 처음에 기출문제 1세트를 풀고, 복습하고 정리하는 데 2~3일이 걸렸다.

기출문제집은 RC 10세트 1000문제, LC 10세트 1000문제로 구성되어 있다. 한 달 내내 기출문제만 풀고 복습하면 문제집 1권을 뗄 수 있는 거였다.

'군대에서 토익 900'은 하루에 1세트씩 문제를 풀고 복습했다고 하는데, 나는 너무 느렸다.

토익을 시작하면서부터 자투리 시간 활용의 중요성을 알고 있었지만, 기출문제를 풀면서 그 필요성이 더 크게 다가왔다.

주말에는 내가 온전히 시간을 낼 수 있다. 9시부터 도서관 가서 밤 10시까지 한다고 가정하면 총 13시간을 공부할 수 있다. 점심과 저녁 식사시간 1시간씩 2시간을 제외하더라도 산술적으로 11시간을 온전히 공부에 사용할 수 있다.

하지만 실제는 10시간은커녕 7~8시간도 못 한 거 같다. 나이 먹어서 체력이 떨어졌다거나 집중력이 오래 가지 못한다, 이런 건 아마도 그냥 핑계일 것이다.

도서관에서 강의 듣고 복습하고, 문제 풀고, 단어 외우고… 비슷비슷한 걸 계속하는 건 역시 쉽지 않다. 지겨웠다. 1~2시간 이상 앉아있는 게 고역이다. 2시간 연속 앉아있었던 건 모의고사 풀 때뿐이었다. 시험시간이 2시간이니 반강제인 셈이다.

그 외에는 일어나서 자료실을 기웃거리고, 커피 한잔하고, 전화하고, 핸드폰으로 NAVER나 DAUM 쳐다보고…

자투리 시간이 오히려 집중이 더 잘 되는 시간이었다.

일하다 잠깐 나와서 10~20분, 출퇴근길에 차를 세워두고 10~20분. 이런 자투리 시간은 길지 않아서, 봐야 하는 분량이 적으니까, 그 분량만 보면 다하는 거니까 더 집중하기 쉬웠다.

무엇보다도, 자투리 시간까지 공부에 집중하는 내 모습은 내가 보기에 꽤 괜찮았다. 나 스스로에 대한 만족감을 줬다.

뭔가 열심히 하고 있다는, 집중하고 있다는, 그런 내가 괜찮아 보였다. 만약 반대였다면…

공부하긴 하는데, 생각처럼 진도는 빨리 나가지 않고, 그러다 보면 스스로 최선을 다하지 않는 거 같다고 느껴지게 되고, 하기는 하는데 하는 시늉만 하는 것 같고, 어영부영하고 있다고 생각하게 된다면, 그러면 흐지부지해질 수 있다.

'내가 그렇지 뭐' 하면서 다시 정치·연예·스포츠 뉴스를 검색하고, 저녁에 술 마시고 그러다가 더는 영어를 토익을 쳐다보지 않게 될 수 있었을 것이다. 자투리 시간 활용은 실제 공부량을 축적한다는 의미 외에도 작은 시간도 소중히 하는 내가 토익에서 실패하지 않을 거 같다는, 조만간 끝낼 수 있을 거라는 자신감을 나에게 심어주는 근거였다.

자투리 시간을 모으면 꽤 된다

자투리 시간이란 나의 정의에 따르면 '나를 약간 쉬게 하는 시간'이다. 내가 무언가를 집중해서 하지 않는, 그동안 크게 신경 쓰지 않으며 흘려보내던 시간이다.

물론, 어떻게 생각하면 나를 쉬게 한다는 게 가장 의미있는 시간일수도 있지만, 토익 800이라는 '단기 목표'를 달성할 때까지만 '나를 쉬게 하는 시간'을 최소화하기로 했다. '필수불가결한 시간'만 제외하고 나머지 시간 전부를 토익 공부에 동원해야 했다.

나에게 필수불가결한 시간은 '회사에서 업무 수행하는 시간' 하고 '애들이랑 같이 아침밥 먹는 시간'이었다. 그 외의, 집과 회사 밖에서 내 의지로 활용할 수 있는 시간, 회사에 있더라도 업무에 온전히 집중하지 않는 시간은 자투리 시간이다.

책상에 앉아서 온전히 공부에 집중할 수 있는 시간 외에 내가 활용가능한 자투리 시간을 계산해 보니

① 차로 출근하는 시간(50~60분)

② 회사에서 화장실 가거나 잠깐 쉬는 시간(30~40분)

③ 점심시간(40~50분)

④ 차로 퇴근하는 시간(50~60분) 이었다.

최소 시간만 모았을 때 50+30+40+50=170분이니까, 와우! 자투

리 시간만 다 모아도 하루에 최소한 2시간50분이 추가로 생기는 것이다.

운전하면서 라디오나 노래 듣던 시간, 사무실에서 네이버 잠깐 보던 시간, 화장실에 앉아있던 시간, 점심 먹고 느긋하게 아이스아메리카노 한잔하던 시간을 내가 농축해서 사용하면,

문제를 1세트 풀고(2시간) 답을 맞혀보고 간단히 훑어볼 수 있는, 또는 LC나 RC 1세트를 꼼꼼히 곱씹어 볼 수 있는, 또는 인강을 2개 정도 듣고 복습할 수 있는,

꽤 쏠쏠할 시간이 생길 수 있다.

	시간대	장점	단점
온전한 공부시간	평일 05~07시 / 20~24시 주말 온종일	진도를 많이 뺄 수 있다	오랜 시간 하는 건 지겹다
자투리 공부시간	출퇴근하면서 쉬는 시간, 화장실에서 밥 먹으면서	초고도 집중 가능	짧다

자투리 시간을 효과적으로 쓰자

1. 출퇴근 시간

출퇴근 시간에 가장 많이 활용한 것은 "유튜브" 영상이었다. 출퇴근을 운전해서 했으므로 영상을 보면서 운전하는 것은 너무 위험해서 영상을 1.5배속으로 집에서 빠르게 한번 본 후, 차를 운전하면서는 영상을 보지 않고 소리만 들으면서 반복하는 용도로 사용했다.

지하철, 버스 등 대중교통을 이용해서 통학이나 통근을 하는 경우 조금 더 집중해서 시청할 수 있을 거 같다. 다양한 영상들이 유튜브에 있으므로 본인에게 적절한 영상을 찾아서 반복 시청, 청취하면 많은 도움이 된다.

출퇴근할 때 내가 주로 활용한 영상은 **"해커스 토익 Voca"**, 그리고 유튜버 **"아무튼 영어", "훈글리시"**가 올린 토익 맞춤형 영상이었다.

〈 해커스 토익 Voca 〉

해커스에서 만든 노랭이 또는 1000제 문제집에 수록된 단어를 원어민 발음과 우리말 해석을 섞어서 반복적으로 보여주고 들려준다.

영상이 꽤 많다. '기출단어'라고 표현된 건 노랭이에 수록된 빈출 단어를 모아놓은 것이고, '실전단어'는 기출이긴 한데 빈출은 아닌,

기출단어 메인 화면 실전단어 메인 화면

낯설어서 어려운 단어 중심으로 구성되어 있다.

영상마다 조금씩 편집이 다르긴 하지만 기본 골격은 비슷하다. 화면을 양쪽으로 나누어서 왼쪽에 영어단어, 오른쪽에 뜻이 나온다. 영어단어를 남자·여자 원어민이 1번씩 영어로 읽어주고 우리나라 성우가 우리말 뜻을 읽어준다.

이걸 한 단어별로 3번씩 반복하고 다음 단어로 넘어간다. 이걸 Day별 3번 반복한다. 그러고 나서, 다음 Day의 단어를 단어별로 3번 반복하고, 다시 Day별로 3번 반복한다.

처음 기출단어 영상을 접한 게 일요일 오전이었는데, 6시간 25분짜리 영상을 그날 다 봤다. 후반부로 가면서 좀 지겹긴 했는데, 보면서 따라 읊어보는 게 재밌기도 했고, 최소한 단어장을 반복해서 보

는 것보다는 덜 지루했다.

토익을 시작하고 처음에는 출퇴근 시간에 해커스 Voca 영상만 반복해서 들었다. 반복 학습하게 돼서 효과가 있었다. 그런데, 비슷한 내용과 형식을 반복하다 보니 지겨웠다.

유튜브에서 토익으로 검색해보니 토익 고수들이 만들어 올린 'LC 초보 귀 뚫기', '빈출 표현' 같은 영상이 꽤 있었다. 내가 주로 활용한 영상은 "아무튼 영어"와 "훈글리시" 였다.

〈 아무튼영어 〉

"아무튼영어"는 토익 만점인 990점을 134번 받았다고 한다. 그 경험을 바탕으로 토익에 대한 공부법, 빈출 단어 및 표현에 대한 다양한 영상을 꾸준히 올리고 있다.

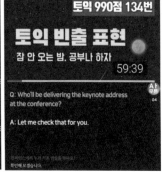

내가 가장 많이 본 영상은 LC part별로 빈출 문장을 모아놓은 영상이다. 1개 영상이 보통 100개 문장으로 구성되어 있고, 원어민이 문장을 계속 읽어준다. 실제 토익 LC와 속도가 비슷하다. 해석은 아래쪽에 표시만 되고 따로 읽어주지 않는다.

15분 내외로 영상이 구성되어 있어 운전하기 전에 해석을 한번 보면서 시청하고, 이후 운전하면서 반복 청취하는 방식으로 활용했다. 문장들이 좀 익숙해지면 1.25배속 등 속도를 높여서 청취하면 LC 점수 향상에 도움이 된다.

이외에 '토익 빈출 표현', '토익 빈출 전치사' 같은 다양한 영상을 올려놓았으므로 자투리 시간을 활용해서 공부하기에 적격이었다.

〈 훈글리시 〉

"훈글리시"도 비슷한 느낌이다. 토익 고득점 경험을 바탕으로 토익 공부법과 빈출 단어, 귀 뚫기 영상 등을 제작해서 올리고 있다.

귀 뚫기 영상은 실제 시험보다 1.1~1.2배 빠르게 들렸다. 연습할 때 약간 빠르게 듣는 게 실전을 조금 더 수월하게 한다고 하니 꽤 도움이 됐던 거 같다.

2. 점심시간

점심을 식당에서 먹으면 왔다 갔다 하고, 주문하고 먹는데 최소 30~40분, 교양있게 '아아' 한잔하게 되면 1시간을 꽉 채운다. 출렁이는 뱃살도 빼고, 내 시간도 확보하기 위해 Diet 하기로 했다. 특별히, 꼭 참석해야 하는 식사자리가 아니면 참석하지 않았다. 동료들에게 살 뺄 거라고 사전에 양해를 구했다.

점심시간에 지하 주차장에 주차된 차에 내려갔다. 내 차는 LC 청취 연습하기에 최적의 공간이다. LC를 이어폰으로 듣게 되면 시험장에서 실제 듣게 되는 스피커의 울림 현상 같은 게 없다. 이어폰으로 들으면 실제 시험장보다 더 잘 들리는 것이다. 그래서 보통 LC 연습을 할 때는 이어폰보다 스피커로 듣는 것을 권장한다. 하지만, 자기 집에서 공부할 때를 빼고 도서관이나 독서실, 카페 같은 곳에서 공부할 때는 이어폰으로 들을 수밖에 없다.

이렇게 꼭 이어폰으로 들어야 하는 경우는 한쪽만 사용해서 듣는 게 낫다. 한쪽으로 약간의 외부소음을 같이 들으면서 연습하는 게 조금 더 실제 시험 환경과 비슷해지기 때문이다. 그리고, 이어폰을 많이 듣다 보면 귀도 아파서 한쪽씩 좌우를 번갈아 듣게 되면 귀 건강에도 좋다. 하지만, 그래도 실제 시험장에서 LC 시험을 이어폰으로 듣는 게 아니므로 최대한 스피커로 연습하는 게 좋다.

그래서, 이어폰을 사용하지 않아도 되는, 나만의 공간인 My Car

는 LC 학습에 매우 유용한 공간이었다. 우선, 미리 싸 온 바나나 같은 간단한 과일이나 구운 달걀을 차에서 먹었다.

기본강의 들을 때는 인터넷 강의를 들었다. 1개 강의가 보통 30~40분 분량이므로, 사무실에서 내려와서 달걀 같은 걸 먹고 인강을 한 개 듣고 다시 사무실에 들어가면 거의 1시간이 다 소요됐다.

기본강의를 다 들은 후에는 문제를 풀었다. 당연히 LC다. 차에서 문제 풀 때 가장 유용하게 활용한 것이 "해커스 토익" 앱에 올라오는 "**매일 실전 LC 풀기**"였다.

"매일 실전 LC 풀기"는 정말 매일 올라왔다. 주말도 쉬지 않고, 하루에 1개 세트씩 꾸준히 올라온다.

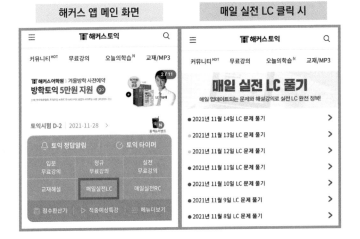

원래는 날짜별로 빨간색 동그라미가 표시되어 있는데, 해당 날짜의 문제를 풀게 되면 회색으로 변경돼서 어제 들은 거를 다시 클릭했을 때 생길 수 있는 짜증을 예방해준다. 하루 분량이 Part2 1문제, Part3 또는 Part4 1세트(3문제)로 구성되어 문제수로는 총 4문제다.

핸드폰으로 문제를 들으면서 바로 풀 수 있고, 정답을 체크해서 제출 버튼을 누르면 '도대체 뭐라고 말한 건지' 알 수 있게 영어 Script와 해석이 있다. 정답은 정답의 이유, 오답은 오답의 이유가 해설되어 있다.

〈문제 화면〉 　　　〈해설 화면〉

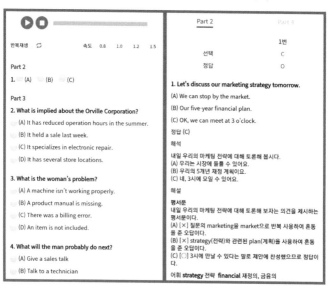

〈매일 LC 김진영 쌤〉　　　　　　　〈매일 LC 임세훈 쌤〉

무엇보다 좋았던 건 해설 강의가 포함되어 있다는 것이다. 강의가 보통 10분 이내로 구성되어 있으므로, 문제 풀고 해설 강의 듣고, 다시 한번 복습해보면 30~40분에 소화하기 딱 좋은 분량이었다.

강사진도 초짜 강사가 아니었다. 토익 LC 분야에서 경력이 오래되고 유명한 강사들이 돌아가면서 강의를 했다. 내용도 좋았지만, 주말도 쉬지 않고 매일 1개 세트가 올라온다는 게 놀라웠다.

물론 강사와 학원에 대한 홍보가 목적일 것이고, 영상마다 20초 내외의 해커스 어학원 광고가 포함되어 있긴 하지만, 이걸 무료로 계속 올린다는 것은…

해커스 토익! 감사합니다^^

3. 휴식시간

회사에서 근무하다 보면, 솔직히 점심시간 이외의 업무시간 100%를 업무에 집중하는 것은 아니다. 옆 사람과 어제 있었던 일이나 재밌게 본 TV 프로그램을 얘기할 수도 있고, 잠깐 옥상에 가서 하늘 한 번 쳐다볼 수도 있다.

이런 시간을 활용해야 한다. 그렇다고 일하는 시간에 일하는 공간에서 영어공부를 하려다가는 일도 망하고 공부도 제대로 안 된다. 그리고, 사람들 일하는 사무실에서 영어 공부하는 것은 상당히 눈치 보이는 일이기도 하다.

잠깐씩 밖에 나가는 시간, 화장실 가는 시간 정도를 활용할 수 있다. 대신 길게 사용하기는 어렵다. 5분~10분 정도다.

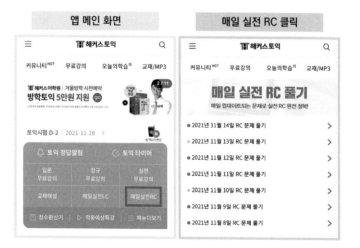

이 시간에 내가 가장 많이 활용한 것은 역시 해커스 토익 앱의 "**매일 실전 RC 풀기**"였다. LC와 마찬가지로 주말도 쉬지 않고, 하루에 1개씩 꾸준히 올라왔다.

"매일 실전 RC"는 Part5 3문제로 구성되어 있다. Part5가 문법과 어휘문제가 섞여 있으므로 "매일 실전 RC"도 문법과 어휘가 섞여 있다. 핸드폰에서 3문제를 바로 풀 수 있고, 정답을 클릭해서 제출 버튼을 누르면 문제에 대한 정답·오답 해설과 단어 정리된 것을 볼 수 있다.

LC와 다른 점은 해설 강의가 따로 없다는 거다. 하지만 해석과 정답, 오답의 이유가 잘 설명되어 있어서 강의까지 필요하지는 않았

〈문제 화면〉 　　　　　 〈해설 화면〉

매일 실전 RC 풀기
매일 업데이트되는 문제로 실전 RC 완전 정복!

2021년 11월 13일 _ 오늘의 문제

1. Mark Cox and Jill Rivera established the restaurant together, but Jill ------ from the partnership when she had children.

(A) withdrew
(B) redeemed
(C) suspected
(D) publicized

2. The consultant will identify weaknesses in the office system and give appropriate recommendations to management once his analysis ------.

(A) concluded
(B) is concluded
(C) will conclude
(D) will be concluded

매일 실전 RC 풀기
매일 업데이트되는 문제로 실전 RC 완전 정복!

	1번	2번	3번
선택	C	B	C
정답	X(A)	O	X(B)

1. Mark Cox and Jill Rivera established the restaurant together, but Jill ------ from the partnership when she had children.

(A) withdrew
(B) redeemed
(C) suspected
(D) publicized

정답 (A)

난이도
중(★★☆)

해석 Mark Cox와 Jill Rivera는 그 레스토랑을 함께 설립했지만, Jill이 아이들을 가지면서 동업자 관계에서 물러났다.

| ETS 앱 메인 화면 | 데일리 학습 |

다. 10분 이내로 짧게 1세트를 풀어보는데 매우 적합했다.

　해커스 앱 외에도 토익 출제기관인 "ETS"와 제휴를 맺은 YBM이
출판한 책을 구매하게 되면 "ETS TOEIC Books by YBM"이라는
앱에 접근할 수 있다. 이 앱에서도 짧은 분량의 '데일리 학습'을 제공
한다. 요일에 따라, LC/RC/Voca를 섞여서 올려준다. 다만 주말은
제외하고 월요일부터 목요일까지 5일 치가 올라온다.

　짧다. 짬짬이 틈날 때마다, 또는 일부러 틈을 내서 문제를 꾸준히
풀게 되면 꽤 효과적인 공부방법이 될 수 있다.

4. 기출문제를 뜯어보고 또 뜯어보자

기출문제가 바이블이다

목표가 토익 만점? 아니면 900점 이상 고득점? 만약 700~800점 정도를 목표로 하고 있다면 문제풀이는 **기출문제집 1권으로 충분**하다고 나는 단언한다!

너무 과했나? 그럼 기출문제집 2권이면 충분하다. 다양한 토익 문제집이 있다. ETS 토익 정기시험 기출문제집 1·2·3, 해커스 토익 실전 1000제 1·2·3, 영단기 토익 실전 1000제, 시나공 실전 문제집 등 꽤 많은 문제집이 시중에 나와 있다. 대부분 LC/RC 각 1권씩 2권이고, 1세트 100문제씩 10세트 1000문제로 구성되어 있다. LC와 RC 합치면 2000문제에 달한다.

수험생으로서는 이 중에서 하나 선택하는 것도 일이다. 가장 많이 팔린다는 해커스와 ETS만 비교해보자.

먼저, "**해커스 토익 실전 1000제**"는 난이도에 따라 1권, 2권, 3권으로 나누어져 있는데 1권이 제일 쉬운 편이고 3권이 어려운 수준이다.

1권은 실제 토익과 비슷한 수준, 2·3권은 실제 토익보다 어렵다는 평이 많다. 특히, 3권은 고득점을 목표로 할 때 주로 활용되고 있다.

LC의 경우 원어민의 음원이 실제 시험보다 조금 빠른 듯했다. 물론, 빠른 속도로 LC를 연습하다 보면 실제 시험장에서 상대적으로 잘 들릴 수 있는 장점이 있다.

문제집과 해설집이 따로 되어있는 것은 사람에 따라 장점일 수도, 단점일 수도 있을 거 같다.

다음은 **ETS 기출문제집**이다. 1권이 2018년 12월, 2권이 2019년 12월에 출판되었고, 3권이 2021년 12월에 출간되었다. 물론 3권에 가장 최신 기출문제가 수록되어 있다.

하지만 2016년 신토익으로 출제 형식이 달라진 이후 세부적으로 크게 달라지지 않으므로 셋 다 그냥 기출이라고 보면 된다.

ETS 문제집의 가장 큰 특징은 바로 "기출", 즉 실제 토익에 나왔던 문제를 수록하고 있다는 것이다.

다른 문제집들은 저작권 등의 문제 때문에 기출문제와 유사하게 재구성한 문제를 수록할 수밖에 없다. 그러다 보니 문제를 조금 더 꼬아서 어렵게 만들게 되는 것 아닌가 추측된다.

다른 중요한 특징은 토익 시험장에서 듣기 되는 LC 성우의 목소리를 문제집을 풀어보면서도 똑같이 접하게 된다는 것이다.

물론 실제 시험에 미국, 영국, 호주 등 다양한 국적(심지어 인도 억

양이 나온 적도 있다고 한다)의 다양한 성우들이 문제를 녹음하게 되므로 100% 일치하지는 않는다.

하지만, 실제 시험을 볼 때 익숙한 성우의 목소리가 나온다는 것은 꽤 괜찮은 장점이다.

토익 문제가 계속 진화하기 때문에 기출문제집의 문제들이 요즘 나오는 실제 토익 문제보다 조금 쉽다는 평가도 있다. 그리고 평소에 조금 어려운 문제들을 풀어봐야 실제 시험장에서 나오는 문제를 풀기 좋다고 하는 사람도 있다.

900점 이상을 목표로 하시는 분들은 물론 제일 어려운 문제를 풀어보는 것이 필요하다고 생각한다. 하지만, 800점 정도가 목표라면, 어려운 문제 10개 정도는 가볍고 편하게 찍어버린다고 생각하면 기출문제집으로 충분하고 효과적이다.

	해커스	ETS
난이도	1권(中下), 2권(中), 3권(上)	1권=2권=3권(기출)
편집	문제집 / 해설집 별도 판매 └ 정답과 해석 포함	책 內 별책으로 해설집 포함
가격*	RC 29,800원(문제+해설) LC 27,800원(문제+해설)	RC / LC 각 17,800원
공통	음원 MP3 등 학습 필요자료 무료제공	

* 가격은 해커스, ETS 모두 1000제 3권, 정가 기준

많이 필요 없다. 1-2권을 반복해라

여러 권의 문제집을 풀어보는 것보다, 1-2권의 문제집을 반복해서 학습하는 게 더 효과적이다. 내가 했던 문제집 학습법을 소개한다.

① 제한 시간 내에 **문제를 푼다.**
 - 120분 이내에 전체를 못 풀었더라도 몇 번까지 풀었는지 표시하고 나머지 문제도 집중해서 푼다.
 ② **답을 맞혀본다.**
 ③ 맞았든, 틀렸든 해설을 보면서 **꼼꼼히 review한다.** Part3·4, Part7은 형광펜 review법을 사용한다.
 - 시험이 2시간일 때 review는 4~5시간 이상 소요된다.

〈형광펜 REVIEW 방법〉
▶ 문제의 정답과 지문에서 근거가 되는 문장을 같은 색깔 형광펜으로 표시한다.
▶ 한 지문에 최대 5문제이므로 형광펜도 5가지 색이 필요하다.
▶ 표시하면서 정답과 근거를 명확하게 인지할 수 있고, 정답 위치에 대한 감을 키울 수 있다.

④ LC는 틀린 부분을 2~3번 반복해서 청취하고, 따라 읽어본다. 최대한 비슷하게 흉내 내보려고 노력한다.

⑤ Part5는 오답 노트, Part7은 패러프레이징 및 해석이 바로바로 안 되는 문장을 따로 정리한다.

⑥ 이렇게 Test1부터 Test10까지 10세트, 1권을 다 푼다.

⑦ LC와 RC 모두 틀렸던 문제들만 문제집에 표시된 답을 지우개로 지우고 다시 풀어본다.

EST를 제외한 해커스 등 다른 출판사의 문제집도 기출문제를 조금 바꾼 문제들이므로 사실상 기출문제와 다를 바 없다. 피해야 할 것은 불안감에 여러 가지 책을, 여러 명의 강사를, 여러 개의 동영상을 돌아다니는 것이다.

책이든, 강사든, U-tube 동영상이든 두세 개 찾아보고 자기에게 **맞겠다 싶으면 선택해서 꾸준히 밀고 나가는 게 중요**하다. 어차피 공부는 다른 사람이 대신해주지 않는다. 더 좋은 방법, 더 좋은 기술을 찾느라 시간을 허비하지 말자. 토익은 이미 수많은 전문가가 존재하고, 말하는 내용은 대동소이하다.

시작했으면 멈추지 말고, 좌고우면하지 말고, 일단 시작한 건 끝내고, 마무리 지은 뒤에 다른 걸 찾는 게 낫다.

내 머리와 내 몸에 기억된 공부량만이 목표를 달성하는 데 도움이 된다.

문제풀이 강의도 들어야 해?

나는 들었다. 물론 인터넷 강의로 들었다. 그리고, **매우 매우 도움이 됐다**고 생각한다. 혼자서 문제를 풀고, 해설지를 보면서, 음원을 다시 들으면서 review 하는 과정은 분명 필요하고 가장 중요한 과정이다.

하지만, 스스로 힘으로만 길을 찾는 방식은 시행착오를 동반할 가능성이 크다. 강사에 따라 스타일이 다르고 강조점이 다르겠지만, 어쨌든 토익 강사들은 수험생보다 훨씬 더 많은 시간을 토익에 투자해온, 토익의 대선배들이다.

토익 시장은 우리나라에서 꽤 큰 수험시장에 속한다. 영어를 꽤 잘하고 강의를 설득력 있게 할 수 있는 사람들이 토익 수험시장에 강사로 진입한다. 그리고, 거기서 경쟁력을 가지고 살아남은 사람들, 즉 1타 강사들은 나름의 특장점을 가지고 치열한 경쟁에서 살아남은 사람들이다.

강사들의 문제풀이 기법을 눈으로 보고 귀로 들으면서 배우는 건, 선배의 know-how를 직접 체험해보는 과정으로서 토익 공부의 방향을 잡고 세부사항을 채워가는데 꽤 도움이 된다고 생각된다.

하지만, 강의를 들을 때 보통 걸림돌이 되는 것이 시간과 돈이다.

먼저 시간을 보자. 일반적으로 문제풀이 인터넷 강의가 LC / RC 각 20강 정도, 합계 40강 정도로 되어있다. 1강이 보통 40분 내외이 므로, 1.2~1.5배속으로 들으면 1강에 30분 정도 걸린다. 40강이면 20시간 정도에 충분히 1번 들어낼 수 있다.

안 좋은 방법이지만, 극단적으로 종일 문제풀이 강의만 듣는다 치면 하루에 10시간씩 이틀이면 들어낼 수 있다. 정말 시간이 문제일까?

다음으로 돈이다. 보통 인강이 단과 기준으로 10~20만 원 정도다. 사람에 따라, 형편에 따라 부담이 될 수 있는 금액이다. 직장을 다니고 있다면 그렇게까지는 부담이 안 될 수도 있겠지만, 따로 수입이 없는 학생의 경우는 꽤 고민하게 될 수도 있다.

체계적으로 정리된 문제풀이 강의 1개 정도는 처음부터 끝까지 다들어보는 게 좋다고 생각하지만, 돈이 정 부담된다면 공짜로 들을 수 있는 강의도 많다. 물론 강사와 학원을 홍보하는 용도이므로 짧은 광고는 봐야 한다. 그래도 충분히 활용할 만한 공짜가 곳곳에 있다. 그만큼 토익학원, 강사들의 경쟁이 치열하다는 얘기일 것이다.

나도 무료강의를 꽤 봤는데, 주로 봤던 문제풀이 강의는 해커스 토익의 "적중 예상특강"이다. 매월 LC/RC 각 2~3개씩, 합계 5~6개의 강의가 올라온다. 각 강사가 홈페이지에 문제를 올려놓으면, 이를 내려받아서 풀어보고, 강사의 해설 강의를 들으면 된다.

무료지만, 강사들이 자신을 홍보하고 장점을 어필할 기회이기 때문에 질이 떨어지지 않는다. 꽤 유명한 대표 강사들이고, 자기만의 Know-how를 집약해서 보여준다.

LC/RC 모두 보통 25~30문제씩 구성되어 있다. 문제수는 실제보다 적지만 보통 LC는 4개 Part 모두, RC는 Part5와 6 위주로 구성되어 있어 실제 시험의 축소판이라고 할 수 있다.

LC 샘플 1개만 보자. 총 16쪽이었는데 9쪽만 추렸다.

Part1 2문제, Part2 7문제, Part3 12문제(4세트), Part4 9문제(3세트)로 되어있다. 스크립트와 정답·오답의 이유가 설명되어 있고, 학원 광고가 3장 포함되어 있다.

LC는 음원 길이가 15분 정도, 강의시간은 보통 50~60분이다. 한 세트 풀고 강의까지 듣는데 1시간 조금 넘게 소요된다.

RC는 Part5 15문제 정도, Part6 12문제(3세트) 내외로 되어있다. 권장하는 문제풀이 시간이 적혀있다. 문제 풀 때 이 시간보다 더 걸린다면 실전에서 시간이 부족할 가능성이 크다.

보통 25문제를 10~13분 정도에 풀라고 되어있고, 강의시간은 60분 내외이므로 역시 1시간 조금 넘게 걸린다. 문제수가 많지 않으므로 크게 부담 안 갖고 풀 수 있고, 하루에 review까지 다 마칠 수 있다. 문제가 적은 것은 나에게는 장점이었다.

나는 홈페이지에 들어가서 지난 6개월 동안의 적중 예상특강 문제를 모두 내려받아 프린트해놓고 틈틈이 1세트씩 풀었다. 학원에는 미안하지만, 마지막 3장(광고)은 프린트하지 않았다. 출근 전에 1세트 풀고 강의 들으면서 강사가 제시한 문제풀이 방식을 학습하고, 출근길에 강의를 1.5배속으로 다시 한번 들으면서 운전하곤 했다. 주말에 2~3세트를 풀고 review하기도 했다.

문제를 풀고 답을 찾아가는, 토익만의 방식이 분명 있다. 문제풀이 강의를 통해 선배(강사)들이 쌓아놓은, 답을 찾는 기술과 경험을 접해봄으로써 토익 졸업을 앞당길 수 있다.

1~2개 들어봤는데 안 맞는 거 같으면 안 들으면 된다. 가장 기본은 스스로 문제를 풀고 복습하는 것이고, 강사는 옆에서 좀 도와주는 역할이다.

토익에 대한 비판이 있다. 학원에서 skill 조금 배우면 점수 따낼 수 있는 시험, 900점을 받아도 외국인이랑 영어 한마디 못하는, 실제 영어 능력과 무관한 시험이라고 한다. 일정 부분 맞는 면이 분명히 있다. 그러니까 그런 단순하고, 간단한 시험이니까 빨리 끝내버리자.

별것도 아닌 시험이지만, 만약 토익점수가 필요한 사람이라면 토익 자체에 대한 비판은, 그 점수 받아 놓고 해도 늦지 않다. 강사도 점수 획득에 필요한, 활용 가능한 수단 중 하나다. 우리는 가용자원을 활용해서 점수를 받고 토익을 졸업하면 된다.

제2장

멘탈을 부여잡아야 한다

 # 1. 필요하면 결심하기

　취업할 때 토익은 여전히 중요한 요소 중 하나다. 그리고, 취업해서도 필요할 때가 있다. 어떤 회사는 토익이나 토익 Speaking, OPIc 같은 영어 시험에서 일정 등급 이상을 획득해야 승진이 된다. 이런 회사에 근무하는 경우 직장생활을 하면서도 영어공부는 선택이 아닌 필수다.

　내가 다니는 회사는 영어가 필수는 아니다. 다만, 외국에 파견 등으로 나갈 수 있는데, 그러려면 최소한의 영어 점수를 기본요건으로 하고, 다른 역량 등을 평가받아야 한다. TOEFL, IELTS 등 몇몇 시험에 대한 기준점수를 제시하고 있는데, TOEIC도 있다. TOEIC은 800점이 기준점수다.

　30살에 입사해서 45세, 16년 동안 회사에 다녔지만 내가 외국에 나간다는 생각은 한 번도 하지 않았었다. 왜냐하면, 영어는 나에게 쥐약이고, 인생의 걸림돌이었기 때문이다. 특히 듣기, 말하기 같은 실용영어는 내 인생과 무관한 일이라 생각했다. 문법 위주의 수험영어만 어쩔 수 없이 했을 뿐, 영어로 내가 무언가 할 수 있을 거라고 단 한 번도 생각해 본 적이 없었다.

그러던 나에게 '**뭔가 돌파구가 필요하다**'라는 생각이 들었다.

한때는 하루에 12시간, 14시간을 회사에서 일만 했었다. 밤 8시나 9시에 퇴근하면 그나마 괜찮은 날이었고, 10시나 12시에 퇴근해서 다음 날 아침 다시 무거운 몸을 이끌고 출근하는 게 일상이었다. 특정 프로젝트를 수행하느라 그런 게 아니다. 그게 그냥 일상이었다.

그러던 시기를 지나 지금은 중간관리자가 됐다. 회사업무는 익숙해졌고, 내가 직접 자료나 보고서를 만들기보다는 1차로 만들어진 것을 검토·수정하고 판단하는 게 주된 업무가 됐다. 그러다 보니 예전보다는 조금 더 시간 여유가 생겼다.

하지만, 주로 일만 했던 나는 일이 줄어든 시간에 대신 술을 마시고 있었다. 뭔가 조금 여유로워지긴 했는데, 채워줄 것을 찾지 못했다. 술 마시는 것도 하루 이틀이지 무료했다. 회사 일은 물론 중요하고 의미 있는 일이지만, 이제는 익숙해졌고 비슷한 것들의 반복인 거 같았다.

나를 집중하게 할 수 있는 그 뭔가가 필요했다.

나는 영어 조기교육, 치맛바람, 이런 걸 감정적으로 매우 싫어한다. 그래서 아이들을 영어 유치원, 원어민 회화학원 같은 곳에 보낸다는 생각은 전혀 하지 않았다. 그런데 어느 날, 중학생·초등학생인 우리 아이들이 영어를 참 한국 사람처럼, 나처럼 한다는 사실을 알게 됐다. 그리고, 둘 다 "나는 영어를 잘하지 못해"라고 생각한다는 것을 알게 됐다.

아, 이건 아닌데… 영어를 잘하지 못하는 건 괜찮은 데 영어 때문에 자신감을 잃는 건 싫었다. 아니, 어쩌면 조기교육을 시키지는 않았지만, 아이들이 알아서 영어를 잘하기를, 영어도 잘하기를 바랐는지 모른다.

그리고, 아이들이 조금 더 어렸을 때, 큰애가 초2~3학년이었을 때, "아빠 우리는 해외여행 왜 안가?"라고 했던 말도 생각났다. 해외여행을 자주 가는 학교 친구가 부러웠던 거다.

대충 뭐라고 얼버무렸던 거 같다. 실제 이유는 돈이 많이 든다는 경제적인 이유도 있었지만, 내가 영어를 잘하지 못하는 것도 굳이 해외여행을 가려고 노력하지 않았던 큰 이유였다.

애들이 영어 때문에 자신감을 잃고, 해외 경험이 부족하다 보니 이에 대한 결핍과 함께, 외국 사람이나 환경에 두려움을 갖고 있었다. 원인을 생각해보면 결국 영어를 싫어하고, 외국 나가는 걸 겁냈던 나 때문이었다.

그런데, 이런 상황을 타개할 수 있는 매우 좋은 방법이 있었다. 영어공부를 하는 것이다. **필요한 점수를 따고, 해외 파견을 신청해서** 외국에 나가보는 거였다. 아이들에게도 외국을 맛볼 좋은 기회가 될 수 있다.

마침 회사 동료 중에 나보다 나이가 많은데도, 영어를 준비하고 기준점수를 넘겨서, 해외로 나가기로 선발된 동료가 있었다. 나한테 영어를 한번 해보는 게 어떠냐고 했다.

아… 좋긴 한데… 부럽기도 한데… 망설여진다.
난 영어를 잘하지 못한다.

그는 외국에 가면 아이들에게 좋은 경험이 될 거라고 했다.
그건 나도 알고 있다.

그는 외국에 나가보는 게 나의 경력에도 좋을 거라고 했다.
그것도 알고 있다.

그는 조금만 하면 될 거라고 했다.
난 영어가 싫다. 아니 무섭다. 단기간에 안 될 가능성이 크다.

뭔가 새로운 게 필요한 거 아니에요?

맞다. 나는 뭔가 새로운 게 필요하다.

영어를 해보라는 얘기를 듣고 마음이 어수선해졌다. 부러운 마음도 있고, 나도 가보고 싶고, 하면 할 수도 있을 거 같고, 아이들에게 좋은 경험을 줄 수 있고, 나를 집중시키고, 무의미하게 흘려보내는 시간을 없애버리고, 새로운 곳에서 새로 시작하는 그 무언가를 해볼 계기가 될 수 있다.

하지만 토익은 한 번도 해본 적 없고, 안 한다고 누가 뭐라고 할 것도 아니고, 했는데 안되면 쪽팔리고, 시작하지 않으면 실패도 안 하는데, '이 나이에 무슨'이라는 핑계도 있고, 그 시간에 주식이나 부동산을 공부하라는 지적도 있다.

이런 고민을 하다가 도대체 나는 우리 애들한테 뭐라고 하는지, 아니면 이런 상황에서 나에게 조언을 구한다면 뭐라고 할 건지 생각해 봤다.

아마도 실패해도 괜찮다고, 다 경험이라고, 과정이 중요하다고, 남들 다 하는데 네가 못 할 이유가 없다고, 넌 할 수 있다고, 설령 목표를 이루지 못해도 그 과정이 네 몸 어딘가에 축적될 거라고, 경험이 널 성장시킨다고, 겁내지 말라고, 시작도 못 하는 것과 시작이라도 해보는 것은 하늘과 땅 차이라고, 한번은 넘어져 봐야 자전거를

탈 수 있게 된다고.

　이런 말들을 할 거 같았다.

　전에 직장 상사가 직원들에게 나눠줬던 책이 집에 꽂혀 있다. '실행이 답이다'라는 책이다. 읽어보진 않았었다. 그냥 제목만 봤었다. 아마도 머리로 생각하고 고민만 하지 말고 '일단 몸으로 부딪혀라'라는 내용일 거 같다.

　나와 가족에게 필요하다는 생각이 들었는데, 실패가 무서워서 시도도 못 해보고, 그러고 나면 아마도 못 한 게 아니고 안 한 거라고 자기합리화하겠지. 스스로 창피할 거 같았다.

　토익을 시작하기로 했다. 아니 일단 해보기로 했다. 언행일치의 삶을 살고 있지는 않지만, 이것도 시작하지 못하면 애들에게 공자 왈 맹자 왈, 좋은 얘기는 하지 못하게 될 거 같았다. 나도 못 하는데 무슨…. 하다가 안 되면 그만하면 되지. 뭐, 일단 한번 해보자.

　토익 공부 하나 시작하는데 참 거창하기도 하다.

2. 결심했으면 알리기

'작심삼일'은 사실, 되게 자연스러운 현상이다. '작심'한다는 건 안 하던 걸, 새로이 결심한다는 뜻이다. 내가 강제로 해야 하는 것이 아니다.

군에 입대하는 건 내가 군대 가기로 마음먹지 않아도 그냥 가는 것이다. 내 의사와 관계없이 의무적으로 해야 하는 거면 내가 '작심'할 필요도 없다.

'작심'한 일을 꾸준히 행하기는 그다지 쉽지 않다. 내 몸에 익지 않은 것이고, 새롭게 뭘 하는 것이다. 그래서 2~3일 하고 불편하니까, 습관이 되어있지 않으니까, 그만두려고 따로 마음먹지 않아도 자연스레 안 하게 된다. 핑계는 곳곳에 깔려있다.

'작심삼일' 방지용으로 자주 사용되는 방법이 '주변에 알리기'이다. 사람들한테 다 얘기해놨는데, 중간에 그만두는 건 창피하니까. 그래서 아내랑 아이들에게 가장 먼저 얘기했다. 아빠가 해외에 나가보기 위해서, 같이 외국에서 생활해 보기 위해 영어를 공부할 거라고, 그래서 이전보다 조금 더 바빠질 수 있다고, 잘 못 놀아주더라도 이해해 달라고 했다. 가까운 회사 사람들에게도 얘기했다. 영어 공부할 거니까 앞으로 술은 자주 못 마신다고, 나를 찾지 말아 달라고.

　이제 나와 약속도 했고, 주변 사람들과도 약속했다. 다시 BACK 하기는 어려워졌다. 열심히 공부하는 것만 남았다.

시작하기로 했으면 쭈뼛거리고 있을 시간이 없다.

3. 위기는 오고, 우군이 필요해

공부를 시작하고 2달 정도 지난 2월21일 첫 번째 시험을 치렀다. 말씀드렸듯이 단어장과 기본강의를 1회 독하고, 모의고사 1개 풀어봤더니 2달이 지나버렸고, 첫 시험을 치렀다. 그리고 마지막 25문제는 보지도 못하고 'B'로 찍고 나왔다.

그러함에도 불구하고, 440은 꽤 실망스러웠다. 600점 정도를 기대했고, 최소 절반은 맞출 거로 생각했다. 하지만 이건 위기는 아니었다.

어차피 시험 1번으로 될 거라고 기대하지도 않았고, 첫 시험 끝나자마자 문제집 풀면서 다음 시험을 준비하고 있었기 때문이다.

2021.06.12(토)	Total 820 (LC 430, RC 390) 수험번호 : 114906
2021.05.23(일)	Total 735 (LC 375, RC 360) 수험번호 : 155137
2021.04.25(일)	Total 685 (LC 330, RC 355) 수험번호 : 117580
2021.04.11(일)	Total 705 (LC 320, RC 385) 수험번호 : 134704
2021.03.28(일)	Total 610 (LC 300, RC 310) 수험번호 : 129527
2021.03.14(일)	Total 625 (LC 295, RC 330) 수험번호 : 118221
2021.02.21(일)	Total 440 (LC 245, RC 195) 수험번호 : 103989

첫 번째 위기는 3번째 시험을 보고 "610"이라는 숫자를 받았을 때였다. 첫 시험에서 440점

을 받고, 3주가 지난 후 본 2번째 시험에서 625점을 받았다. 여전히 높지 않은 점수였지만, 그래도 200점 가까이 올라갔으니, 약간 고무됐었다.

단어장을 한번 봤고, 기본강의를 한번 들은 걸 바탕으로, 문제에 익숙해지니 성과가 조금 나온다고 생각했다. 조금만 더 밀어붙이면 금방 점수가 올라갈 거 같았다.

나름대로 열심히 했다고 생각했고, 2번째에 625점을 받았으니 3번째는 그래도 700은 넘기지 않을까 생각했다. 아니 기대했다. 그리고, 받은 점수는 610점, 2번째 시험보다 오히려 15점이 떨어진 점수였다.

이때 좀 충격받았다. '내가 뭘 잘 못 하고 있나?' 하는 생각이 들었다. 유튜브나 블로그에서 토익 공부법 같은 걸 꽤 찾아봤다. 나에 대한 확신이, 자신이 없으니 우왕좌왕했던 거다.

내가 실망하고 있을 때, 회사 친구 S군은 나에게 현실적 조언과 함께 계속해서 신뢰를 보여주면서 응원해줬다. 나를 응원해준, 좀 더 빠짝 하라는 취지로 보내온 문자 메시지다.

득점은 LC가 쉬우니 LC 집중~
2주 뒤 725점 정도 나올 거예요
이제 고지가 눈앞에 있어요

매일 listening 한 세트 풀고,
그걸 통째로 외운다 생각하면서 반복해서 듣는 연습을 해보세요
단어공부가 올라왔으면 일주일 빠짝 해서 7세트를 통째로 암기하듯이 반복하면 LC는 금방 올라올 거예요

이렇게 날 지켜보고 있고, 응원해주고 있는데 우울해하거나, 딴 생각하는 건 "쪽" 팔리는 일이었다. 이렇게 한마디씩 **나를 응원해주는 사람이 있다는 건 꽤 큰 힘**이다.

만약 우군이 없다면, 우군을 만드는 것도 방법이다. 아내, 아이들, 친구, 회사 동료 누구라도 관계없다. 나를 응원해 줄 수 있는 누군가에게 나를 응원해달라고 부탁해도 된다. 일주일에 한 번, 한 달에 한 번씩 내 진행 경과를 물어봐달라고 해서 나를 점검해 나갈 수도 있다. 나의 '작심'만으로는 흔들릴 수 있다. 격려가 필요하다.

그리고, 내가 공부 관련해서 아이들에게 했던 말들, '공자 왈 맹자 왈'이라고 생각할 수 있는 내가 했던, 할 거 같은 얘기도 중간에 그만둘 수 없는 요인 중 하나였다. 나 자신이 나의 우군이었던 셈이다.

"조급해하지 마"
"계속 올라가는 게 아니야, 계단처럼 올라가는 거야"
"지금 점수가 안 나와도 애쓰고 있다면 네 몸에 축적되고 있어."

애들이 공부하기 싫다고, 힘들다고 했을 때, 이런 말을 했었다. 그렇다. 내가 조급한 거다. 건방진 거다. 대학 졸업하고 15년 이상 영어를 쳐다도 안 봤는데, 1~2달 했다고 점수가 마구마구 올라가길 바랐던 거다.

하던 걸 다시 반복하는 게 답이었다. 갑자기 내 점수를 획기적으로 올릴 수 있는 특별한 기술 같은 것도 있을 리 없다. 문제를 풀고, LC를 반복해서 들으면서 입으로 읊어보고, 단어를 반복하고, 패러프레이징을 정리하고, 해석 안 되는 문장을 정리하면서 공부량을 축적해야 한다.

그리고, 4월11일 4번째 시험에서 705점을 받았다. 만족스럽진 않았다. 그래도 앞자리가 "6"에서 "7"로 바뀌었다. 다행이었다. 그러고 나서, 진짜 위기가 왔다. 공부 마감이 다가온 거다.

4월25일 5번째 토익을 치르고, 나를 응원해주던 회사 친구에게 보낸 문자와 답변이다.

〈보낸 문자〉	〈받은 문자〉
저의 마지막 토익이 끝났네요 애들이 안 놀아준다고… ㅋ 오늘까지만 하기로 했어요 별 성과는 없을 듯 하지만 재밌었음 점수 나오면 알려드릴게요	더 멋진 곳에서 같이 지내기 위해 달리고 있는 거라고 설명해주면 되지 않을까요? 일단은 점수를 기다려 봅시다. 암튼 2주마다 주말에 시험 보러 다니느라 고생했어요~^^

중학생 아들, 초등학생 딸이 내가 공부하는 걸 좋아하지 않았다. 이유는 2가지였다. 첫째, 공부를 시작하더니 주말에도 안 놀아준다. 둘째, 공부를 시작하더니 원래 착했던 아빠가 까칠해졌다.

둘 다 맞는 말이었다. 아빠로서의 나는 캐치볼, 배드민턴, 자전거, 놀이터, 놀이공원 등 주말마다 뭔가를 발굴해서 아이들과 잘 노는 편이었다. 최근에 아이들이 좀 크고, 특히 둘째가 이제 5학년이 되면서 자기 친구들이랑 노는 시간이 좀 늘긴 했지만, 그래도 나는 언제든 대기하고 있는 좋은 놀이 상대였다.

하지만, 토익을 시작하면서 나는 시간에 쫓겼다. 할 건 많았고 진도는 마음처럼 나가지 않았다. 주말에 노는 건 생각도 안 했다. '아빠 도서관 갔다 올게' 하고 나가기 일쑤였다.

그러다 귀가했을 때 아이들이 핸드폰 보고 있거나, 게임을 하거나, 예능프로 보고 있는 모습을 보면 조금 더 날 선 반응을 했었다. 아마도 '내가 이렇게 공부하고 있는데, 너희는 뭐 하는 거니?' 뭐 이런 마음이었던 거 같다.

뭔가에 쫓겨서, 조급하고 까칠하게 구는 나의 모습은 아이들의 불만도 있었지만, 나에게도 보였다. 그래서 공부를 시작하고 나서 좀 있다가 "4월 말"까지만 하겠다고 했다. 그때까지 해볼 만큼 해서 되면 좋고, 안되면 그만하겠다고 했다.

4월11일 4번째 시험을 보고 나오자마자, 마지막 시험을 위해 다시 공부에 매진했다. 불필요한 일과 시간을 최소화하고, 최대한 공부시간을 확보하고, 제일 열심히 했었던 거 같다. 10일 후인 4월20일에 성적표를 받았고 705점을 받았다.

4월25일 마지막 시험까지 5일 정도밖에 안 남았지만, 그간 열심히 했다고 자부했다. 그동안 한 것들을 잘 정리하고, 반복하면 충분히 좋은 점수를 기대해 볼 수 있다고 생각했다.

기출문제를 활용한 모의고사 결과를 정리했었는데, 처음에는 LC와 RC 합쳐서 150개 정도 맞았는데, 마지막에는 165개 정도 맞았다. 평균 80개가 넘으니까, 이 정도면 700후반에서 800초반은 기대해 볼 만 하다고 생각했다.

〈1000제 풀이 결과〉

	LC	1	2	3	4	RC	5	6	7
		6	24	39	70		30	16	64
①	75	6	18	30	21	79	24	13	42
②	71	6	18	25	22	83	26	14	43
③	78	5	18	32	23	75	23	14	38
④	79	5	19	30	23	79	25	13	41
⑤	74	5	17	30	22	72	24	14	34
⑥	83	6	19	35	23	73	23	13	37
⑦	82	6	21	33	22	72	21	13	38
⑧	81	6	22	25	28	74	24	14	36
⑨						79	25	12	42
⑩	76	6	21	26	23	79	24	11	44

나름 꽤 자신하면서, 차분하게 4월25일 시험을 치렀고, 아이들에게 이제 토익을 그만할 거라고 말했다. 원래의 일상으로 돌아가기로 했다. 그리고, 10일 후에 성적표를 받았다.

내 기대는 800점이었고
내가 받은 점수는 이전 시험 705점보다
20점 떨어진 685점이었다.

4. 목표는 달성할 때까지 하면 달성된다

마지막 토익이라고 생각한, 4월25일 시험의 성적표는 그야말로 나에게 충격이었다.

열심히 했다고 생각했다. 퇴근하고 12시까지 밖에서 공부하고 집에 가서 1시쯤 잠자리에 들었다. 아침에 5~6시에는 일어났다. 집중했고, 머리는 맑았다. 쉬는 시간은 거의 없었다.

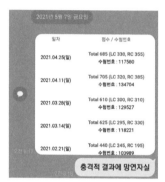

800정도는 나올 거라고 기대했다. 그러니 애들에게도 그만두겠다고 자신있게 말한 거다. '망연자실'이라는 내 문자에 대한, 내가 토익을 그만하기로 했다는 사실을 알고 있는 S군의 답장이다.

오늘 결과 발표했군요
실망할 필요 없어요
안 하던 공부하고 시험 치는 것에도 **적응하는 단계라 그래요**
listening 점수는 10개만 더 맞추면 통과점수 나올 듯.
이 정도 했으면 어디서 많이 틀리고 있는지 파악해보고.
listening 문제를 집중적으로 2주하고 한 번 더 치면 800 나올 듯.
주말까지 심기일전하시고 다음 주부터 1달만 더 해보셔요^^

어쩌면 나는 **이미 다시 시작한다고 생각하고 있었을지 모른다.** 800을 기대하긴 했지만 기대하지 않았을지 모르고, 아이들에게 그만하겠다고 했지만, 그만하지 않게 될 거로 생각했는지 모른다.

그동안 봐왔던, 필기했던 책과 노트를 다시 봤다. 문제 풀 때 연필로 밑줄 그으면서 풀었던 자국, 복습하면서 형광펜으로 힌트 지문과 정답을 표시했던 자국, 볼펜으로 필기한 자국, 그간 정리했던 패러프레이징, 어려운 문장 해석 정리한 거, 오답 노트…

기왕에 시작한 거 매듭을 짓고 싶었다. 성과를 내고 싶은데… 아이들과 안 한다고 약속을 하기는 했는데… 아니, 무엇보다도 다시 했는데도 결국 성과를 못 내면 어떡하지라는 걱정… 니가 대학생이냐, 도대체 언제까지 토익하고 있을 거냐는 시선…

다시 하는 게 분명 부담스러웠다. 하지만 그만두는 건, 그게 더 부담스러웠다. 그리고 나에게는 뒤늦게 토익을 시작한 분명한 이유가 있었다. 실망하지 말라는, 한 달만 더 해보라는, 곧 목표점수에 도달할 거라는 친구의 위로, 응원은 아마도 나에게 핑계가 되어 주었을 것이다.

다시 시작할 수 있는 핑계.

해야 하고 할 수 있다. 깊이 생각할 건 없었다. 철학 하는 게 아니다.

그냥 초중고, 대학교, 취업 때까지 늘 우리와 함께하는, 시험을 보고 평가를 받는 거였다. 애들한테 미안하지만, 여기서 그만두면 나중에 후회할 게 분명했다. 시작 안 해도 되는 걸 굳이 시작했는데, 성과를 내자. 나와 가족에게 뭔가 변화를 줄 수 있는 계기를 만들어야 했다.

복잡한 문제는 아니다. 그냥 다시 하기로 했다.

다시 문제를 풀고, review하고, 출퇴근하면서 LC를 반복해서 듣고, 해석 잘 안 되는 걸 다시 정리하고, 패러프레이징 정리하고, 자기 전에 그날 정리한 걸 다시 한번 보고 잤다.

2주 정도 지난 5월23일 6번째 시험을 봤고, 시험 보고 나오자마자 2주 후인 6월12일 시험을 접수하고 루틴을 반복했다. 5월23일 시험 결과는 6월 초에 나왔는데 735점이었다. 그러거나 말거나 루틴을 반복했고, 6월12일 7번째 토익을 치렀다.

시험을 치르고 2주 후인 6월27일로 다음 시험을 접수했다. 다시 루틴을 반복하던 중 6월12일에 응시한 7번째 토익시험 성적이 6월 24일에 나왔다.

820점!

갑자기 85점이 올랐다. 왜 갑자기 올랐는지는 모른다. 그걸 알아서 뭐 하겠는가. 드디어 성과를 냈다. 나와 가족의 생활에 긍정적인 변화를 줄 수 있는, 새로운 계기를 만들 수 있는 기본요건을 갖추었다.

점수를 확인하고 "씨익~" 웃었다.

나 스스로가 대견했다.

나에게 고생했다고 말해주고 싶었다.

드디어 토익을 졸업하게 됐다!

기쁨을 뒤로하고, 이미 접수된, 3일 후에 치르게 될 6월 27일 시험을 위해 루틴을 반복했다. 더는 시험 볼 필요가 없으므로 진짜 마지막 시험이었다. 마지막 시험 점수는 다시 700점 대인 765점이었다.

목표를 이미 이뤘으므로 마지막 3일간 해이해졌을 수도 있고, 820점을 받은 6월 12일 시험이 특별히 나하고 궁합이 잘 맞았을 수도 있다. 하지만, 내가 토익시험 분석가도 아니고, 뭐 어떠냐.

1월에 본격 시작해서, 2월 말 첫 시험에서 400점대를 받았고, 그로부터 4개월 후인 6월에 목표였던 800점대를 맞았다.

그렇게 나는 명예롭게 토익을 졸업했다.

거창하진 않지만 "될 때까지 하면 돼"라고 내 아이들에게 내 경험담을 얘기해 줄 수 있게 됐다.

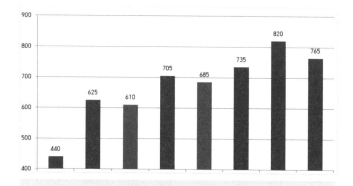

※ 크게 보면 우상향 그래프지만, 3번째와 5번째 시험에서 지난번보다 점수가 떨어졌다. 이때 흔들리지 않도록, 자신의 노력을 믿으면서 멘탈을 잘 부여잡아야 한다.

제3장

소소하지만,
꽤 중요한 Tip!

1. 연필과 지우개

 토익시험 볼 때 필요한 준비물은 연필, 지우개, 신분증 3개다.

 먼저 연필은 보통 3B 또는 4B를 많이 추천한다. 너무 얇으면 OMR카드에 옮겨 적을 때 오래 걸리고, 너무 두꺼우면 답안을 적다가 번져버릴 가능성이 있다. 처음엔 2종류를 섞어 샀는데 항상 시간이 부족했던 나에게는 3B보다는 조금이라도 더 두꺼운 4B가 마음의 안정을 주었다.

 혹시 연필심 부러질 때를 대비해서 시험장에는 연필 3자루를 가져갔다. 시험 전날 3자루를 이쁘게 깎아 놓고, 이동하다가 부러질 거를 대비해서 연필 뚜껑을 씌우고 필통에 넣어놓았다. 공부할 때 연필 2~3자루, 지우개, 형광펜 5자루는 늘 가지고 다녀야 하니까 필통은 조금 큰 게 좋다.

 지우개는 쓸 일이 많지는 않지만 번지지 않고 깔끔하게 지워져야 한다. 답안 체크를 잘 못 해서 다시 써

야 하는데 지우개로 지웠더니 번져버리면 낭패다. OMR 판독기가 ABCD 중 가장 진하게 표시된 걸 정답으로 읽어낸다고 하지만 번지면 찝찝하다. 기껏해야 1~2천 원이니 좋은 거로 사는 게 좋다.

신분증은 가져가지 않으면 시험을 응시할 수 없으니 전날 당연히 잘 챙겨둬야 한다. 해본 적은 없지만, 연필이나 지우개야 만약 깜빡하고 못 가져갔다면 시험감독관에게 얘기해서 어떻게든 해결이 될 거 같다. 아니면 마음씨 좋은 옆 사람이 빌려줄 수도 있다. 하지만 신분증은 시험감독관이나 옆 사람이 도와줄 수 있는 부분이 아니다. 꼭 챙겨야 한다.

신분증 검사는 2번 한다. 당연히 1번 할 줄 알았는데, 고사장에 가보니 2번 하더라. 시험 시작하기 전에 1번하고, LC 끝나고 RC 초반에 한 번 더 한다. 2번째 신분증 검사를 왜 하는지는 모르겠지만, 내가 토익시험 제도를 개선하라고 요구할 건 아니니까… 뭐.

내가 소소하게 신경 썼던 건 시험시간에 '신분증을 어디에 놔두느냐' 였다. 처음 시험 볼 때, 신분증과 여분의 연필이 책상 위에 있으면 문제 풀 때 걸리적거리나, 혹시 중간에 떨어뜨려서 어수선해질 수 있다고 생각했다. 그래서 첫 번째 검사를 마치고 신분증을 책상 서랍에 넣어놓았다.

LC 끝나고 RC를 열심히 풀고 있는데, 시험감독관이 다가와서 내 앞에 섰다. 신분증 달라는 거였다. 책상 서랍에 손을 넣었는데, 신분증이 잘 안 꺼내졌다. 납작한 운전면허증이 서랍 바닥에 찰싹 붙어서 잘 안 잡히는 거다. 고개를 숙이고 서랍에서 신분증을 확인해서 꺼내야 했다.

순간 짜증이 확!

문제 풀 시간도 부족해서 마음은 급해 죽겠는데 신분증도 안 꺼내지니 짜증 지수가 급격히 올라갔다. 그다음 시험부터는 신분증과 여분의 연필, 지우개를 모두 책상 위에 올려놓고 시험을 봤다.

나는 오른손잡이다. 문제지는 하단 중앙에, 여분의 연필은 문제 풀 때 걸리적거리지 않게 왼쪽 위에 놓았다.

연필이 굴러떨어지지 않게 지우개로 막아났다.

감독관이 날 건드리지 않고 2번째 검사할 수 있도록 신분증은 연필 옆에 잘 보이게 놔뒀다. OMR 답안지는 문제지 밑에 놔둔다. 시험 볼 때 최대한 걸리적거리는 게 없게 하는 것도 시험시간의 집중력을 유지하는 데 필요하다.

그리고, 코로나가 여전히 진행되는 동안에는 마스크를 써야 하는데, 혹시 중간에 기침이 나오거나 해서 마스크가 더러워질 수 있다. 여분의 마스크를 챙겨가서 시험 중간에라도 갈아낄 수 있도록 가지고 있는 게 좋다.

2. 문제지에 답 적어놓는 방법

토익 시험장에서 문제지에 답을 표시하고 OMR 답안지에 옮기는 방법은 Part별로 다르다. 크게 얘기하면 Part1과 Part2, 그리고 Part3-4, 나머지 RC Part로 나뉜다. 내가 사용한 방법이자 많은 사람이 사용하는 방법은 다음과 같다.

간단히 얘기하면, 4단계 정도로 구분된다.

<u>Part 1.</u> 문제 풀면서 바로바로 답안지에 체크

<u>Part 2.</u> 실력 좋으면 문제 풀면서 바로 답안지에 체크. 아니면 문제지에 체크하고, 나중에 답안지 옮기기

<u>Part 3-4.</u> 문제지에 답 표기하고, Part4까지 LC 다 끝난 다음 답안지에 옮기기

<u>Part 5-7.</u> 종료 15분 남았을 때 1차 표기, 마지막에 나머지 답안지에 옮기기

참고로, 토익 시험장에서 안내해주는 유의사항 중에는 문제지에 낙서하지 말라는 내용이 있다. 이건 왜 이렇게 안내하는지 모르겠다. 사실상 불가능하고 지키는 사람도 없다.

LC든 RC든 문제지에 표시하지 않으면서 시험을 볼 재간이 없다. 그래서 너무 당연하게도 시험지에 밑줄도 긋고 답도 적어야 한다.

Part1. 답안지에 바로 옮기기

Part1은 통상 '귀요미' part라고 한다. 문제수가 6문제로 가장 적기도 하지만, 문제 난이도도 상대적으로 가장 쉽다. 따라서, 한 문제의 정답을 정하면 바로바로 답안지에 옮겨 적을 수 있는 충분한 시간 여유가 있다. 나에게는 유일했던 Part다.

문제의 답은 (A),(B),(C),(D) 보기를 들으면서 문제지의 사진 옆에 정답이라고 생각하면 ○, 오답이면 ×, 애매하면 △를 보기 순서대로 표시한다. 오답을 × 표시할 수도 있고, 2번 긋기 싫으면 한 번만 그어서 / 표시할 수도 있다. 예를 들어보자. 먼저 사람이 한 명 나와서 주어가 모두 같은 사진이다.

△

X

X

○

(A) She is examining some eyeglasses.

(B) She is typing on a keyboard.

(C) She is removing some gloves.

(D) She is handling a device.

(A),(B),(C),(D)를 들으면서 하나씩 하나씩 답을 표시해간 내 의식의 흐름은

(A) eyeglasses? 안경을 낀 거 같긴 한데… 실험한다고? 시험 본다고? 잘 모르겠고 아닌 거 같지만 일단 △.

(B) keyboard는 보이지도 않는데 무슨… ✕.

(C) glove를 벗고 있는 건 아니니까 ✕.

(D) device, handling… 땡큐! ○.

이렇게 (A) 들으면서 "뭐지?" 하다가, (B)와 (C)는 "휴, 이건 아니네" 하면서 안심, (D) 들으면서 "앗싸 이거네" 답을 정하는 순서였다.

이번에는 주어로 사람과 사물이 섞여 있는 사진이다.

(A) A train is coming into a station.

(B) A woman is turning on a light.

(C) A woman is waiting on a bench.

(D) A train station is surrounded by big trees.

(A),(B),(C),(D)를 들으면서

(A) train? 기차는 안 보임 ×.

(B) 불을 켜고 있다고? 오른쪽으로 돌아? 모르겠음… 일단 △.

(C) bench에서 기다려? 이게 답인 거 같은데… 일단 △.

(D) 큰 나무? 둘러싸여 있진 않잖아… ×.

이렇게 (A) 들으면서 "이건 아님", (B)는 아닌 거 같은데 바로 판단
이 안 돼서 일단 △, (C)는 이게 답인 거 같은데 혹시 모르니 △, (D)

는 "이거 확실히 아님" 하면서 답으로 생각됐던 (C)를 답으로 정했다. 이런 식으로 사진 옆에 보기 순서대로 ○, △, × 표시하고, 옆에 놔둔 답안지에 바로 답을 옮겨 적는다.

다른 Part와 달리 Part1은 각 문제와 문제 사이에,

"Look at the picture, mark Number1 in your test book"

이라는 안내가 계속 나온다.

1번 문제면 number1~, 2번 문제면 number2~ 이런 식으로 바뀐다. 이 때문에 각 문제 앞에 1~2초의 간격이 생기게 되고, 이 시간이면 문제지에 표시해 놓은 답을 답안지로 옮겨 적기에 충분한 시간이다.

Part2. 될 수 있으면 답안지에 바로 옮기기

Part2는 토익에서 유일하게 A, B, C 3개 중에서 맞는 답 1개를 고르는 방식이다. 그리고 유일하게 문제와 보기 모두 오로지 들리는 것에만 의존해서 문제를 풀어야 한다.

7번부터 31번까지 25문제로 구성되어 있는데, 초반부(7~20번 정도)는 후반부보다 상대적으로 쉽지만 그래도 꽤 어렵고, 후반부(~31번)는 매우 어렵다. 정말 순식간에 지나 가버린다.

문제를 들으면서 문제지에 답을 적는 방법은 Part1과 마찬가지로 ○, ×, △ 3가지로 구분한다. 그리고, 아예 뭔 얘기인지 모르거나, 순간 딴 생각하느라 못 들은 건 공란으로 놔둔다.

Part2를 풀면서 문제지에 답 표시했던 Sample이다.

먼저, Part1 끝나고 Part2로 넘어갈 때 문제지를 3칸으로 나눈다. 보기가 A, B, C 3개니까, 왼쪽이 A, 가운데 B, 오른쪽이 C라고 마음속으로 정한다. A를 듣자마자 왼쪽에, B를 듣고 가운데, C를 듣고 오른쪽에 ○, ×, △ 표시한다.

문제 풀 때 당시 의식의 흐름을 몇

7. Mark your answer on your answer sheet.
8. Mark your answer on your answer sheet.
9. Mark your answer on your answer sheet.
10. Mark your answer on your answer sheet.
11. Mark your answer on your answer sheet.
12. Mark your answer on your answer sheet.
13. Mark your answer on your answer sheet.
14. Mark your answer on your answer sheet.
15. Mark your answer on your answer sheet.
16. Mark your answer on your answer sheet.
17. Mark your answer on your answer sheet.
18. Mark your answer on your answer sheet.
19. Mark your answer on your answer sheet.

개만 따라가 보자.

8번, 12번 두 문제 모두 "X / X / X" 표시되어 있다. A와 B를 들었을 때 '이건 아닌 거 같은데'라고 생각해서 X로 표시, 그러면서 당연히 C에서 정답이 나올 것으로 기대했는데, C도 아니었던 문제다. 이러면 망하는 거다. 예를 들어보자.

7. Who is going to take notes at tomorrow meeting?
(A) I'll be on vacation then.
(B) Several pages.
(C) The charger is broken.

'회의할 때 누가 기록하냐?'는 질문에 대해,

(A) 묻지도 않은 자기 휴가계획을 얘기하고 있다 → X.

(B) 생뚱맞은 page 얘기다. 사실 질문의 'note'에서 연상될 수 있는 단어인 page를 사용한 오답 패턴이다. → 또 X.

(C) 아무 상관 없는 충전기 얘기다. → 이것도 X.

A를 '우회 답변'이라고 한다. '누가 기록하냐'라고 물었으니 '누가 기록한다'라고 직접 대답하면 듣기가 편한데, '(나랑 무슨 상관이냐) 난 그때 휴가 갈 거다.'라고 돌려서 말한 것이다. '우회 답변'은 우스갯소리로 '사회 부적응자 답변'이라고도 하는데, '이름이 뭐야?'라고

물으면 이름을 답하는 게 아니라 '그게 왜 궁금해요?'라고 대답하거나, '회의실 예약했어요?'라는 질문에 '내 담당이 아니다'라는 식으로 모른다고 대답하는 것이다. 직접 대답하는 게 아니라 간접 답변이라 바로 와 닿지 않는다.

A를 들었을 때, 명확하게 듣고 의미를 잡아서 '우회 답변이군!' 하고 'O' 표시했으면 최상이지만, '웬 휴가, 애매한데'라고 생각해서 △라도 표시해 놓고 다음 B, C 보기를 들어봤어야 한다. 마음에 딱 들지는 않더라도 애매하거나 잘 모르겠으면 일단 "△" 표시하자.

16번 A는 아닌 거 같아서 X, B는 잘 모르겠지만 정답일 수 있을 거 같아서 △, C는 '이건 아니네' X. 정답 B로 적고 맞음

18번 A는 답일 수 있을 거 같아서 △, B는 아예 무슨 말인지 몰라서 공란, C '아, 이게 답이네' O. 정답 C로 적고 맞음. 만약 C가 X라고 생각됐다면 A와 B 중에서 골라야 했을 거고, 아마도 A를 골랐을 거 같다.

20. Mark your answer on your answer sheet.
21. Mark your answer on your answer sheet.
22. Mark your answer on your answer sheet.
23. Mark your answer on your answer sheet.
24. Mark your answer on your answer sheet.
25. Mark your answer on your answer sheet.
26. Mark your answer on your answer sheet.
27. Mark your answer on your answer sheet.
28. Mark your answer on your answer sheet.
29. Mark your answer on your answer sheet.
30. Mark your answer on your answer sheet.
31. Mark your answer on your answer sheet.

20번부터 31번까지 후반부는 진짜 쉽지 않다. 먼저 23번을 살펴보자.

23번 A,B,C 모두 공란이다. 이건 보기가 아니라 문제 자체를 못 들었

다는 의미다. 앞 문제 22번에서 헤매다가, 23번 문제가 나올 때 문제를 듣지 못한 것이다. 문제를 듣지 못했으니 A,B,C 보기를 들어봤자 아무 소용이 없다.

제대로 듣지도 못한 22번을 고민하느라 22번과 23번 모두 틀린 거다. 가장 경계해야 할 Case 중 하나다.

"잘 모르겠으면 빨리 찍고 넘어가라"

내가 아는 토익 관련 명언 중 최고라고 하면 이 말일 것이다.

28번 이 문제도 주의해야 하는 Case이다. A만 ○, B와 C는 공란이다. 이것은 A를 듣고 나서 답이라 생각한 것이다. 그래서 방심하고 B와 C를 대충 들은 거다. 하지만 틀렸다. 정답은 A가 아닌 B와 C 둘 중 하나였던 거다. 예를 들어보자

7. Could you close the window next to you?
(A) We're still open.
(B) No, it's at the back.
(C) Aren't you too warm inside?

'창문 좀 닫아주실래요?'라는 말에 대해,

(A) 'We're still open.'이 '아직 영업 중이다'라는 뜻인데 이걸 내 마음대로 '(창문을)열어놓겠다'라고 착각하고 자신 있게 ○ 표시했다.

'열어놓자'라는 취지로 '실내가 너무 덥지 않아요?'라고 말한 (C)가 정답이었다. 이래서, 특히 "A" 지문의 경우 정답같이 들려도 일단 △ 표시하고 B와 C 지문을 잘 들어봐야 한다.

참고로, 21번 밑에 'y', 25번 밑에 'w'라고 적은 것은 의문사 의문문의 '의문문'을 축약해서 표시한 건데, 'y'는 'why', 'w'는 'how'를 듣자마자 적은 것이다.

who	o	how	w
when	n	why	y
where	e	which	h
what	t		

Part2 25문제 중에서 '의문사 의문문'이 보통 10문제 정도 나온다. 그리고, '의문사 의문문'은 다른 거 하나도 못 들었어도 맨 처음 나오는 의문사가 뭐였는지만 잘 듣고 기억해도 정답 맞힐 확률이 꽤 올라간다. 의문사가 나오면 1글자로 줄여서 문제 밑에 적어놓고, ABC 보기가 나올 때마다 보면서 적절한 답인지 맞춰볼 수 있다.

그리고, 질문의 핵심을 짧게 줄여서 ABC 보기가 나올 때마다 입으로 되뇌어 보면서 보기랑 맞춰보는 것도 좋은 방법이다. 위 문제의 경우 형식은 질문이지만 사실상 부탁이므로 "창문 닫아줘"라고 줄일 수 있다.

창문 닫아줘 (A) 영업 중이야. ⇒ ? ⇒ △

창문 닫아줘 (B) 아니, 뒤에 있어. ⇒ X

창문 닫아줘 (B) 덥지 않아? ⇒ 닫기 싫다는 거군 ⇒ ○

이렇게 질문을 짧게 되뇌면서 보기를 듣게 되면, 질문을 잊어먹지 않게 돼서 정답확률을 높일 수 있다.

이렇게 답을 찾고 나면 답안지에 옮겨야 하는데, Part2는 Part1만큼 문제와 문제 사이의 간격이 길지 않다. 아니 Part1만 문제 사이 간격이 길고, Part2·3·4는 간격이 짧고 그래서 정신이 없다. 잘 들리지도 않아서 버퍼링 시간도 오래 걸릴 수 있다. 그래서 처음에는 문제지에 ○, ×, △를 표시하고 LC 다 끝난 다음 답안지에 Part2,3,4 정답을 같이 옮겼다.

문제지에 표기해놓은 답을 답안지로 옮기는 방법은 2가지다.

	PART2 답안지 표기 방법	
초급	❶문제 풀면서 ○, ×, △ 표기	❷각 문제 옆에 A,B,C 표기 ❸LC 다 끝나고 OMR에 옮겨적기
고급		❷각 문제 끝날 때 OMR에 바로 표기

물론, "고급" 방법이 더 좋다. 답안 옮겨적는 시간을 조금이라도 아낄 수 있다. 25문제 답을 따로 옮겨적으려면 그래도 1분 정도는 소요된다. RC 풀 때 조금이라도 더 시간을 확보할 수 있다.

하지만, 이게 쉽지 않다. 문제 풀다가 OMR로 눈과 손을 옮겨 답을 적고 다시 문제지로 돌아와야 한다. 문제 듣자마자 답을 바로 찍을 수 있으면 모를까 버퍼링이 생기게 되면 왔다 갔다 하다가 다음 문제를 푸는 데 지장을 줄 수 있다.

일단 초급 방법으로 하다가, 실력이 쌓였다고 생각되면 고급방법으로 옮겨갈 수 있다.

Part3·4. 문제지에 크게 쓰고, LC 끝나자마자 옮기기

Part3은 2~3인 대화문, Part4는 1인 담화문이다. 두 개 Part 모두 1개의 대화 또는 담화에 3문제씩 나온다.

처음에는 왼쪽 방법을 사용했다. 정답보기 옆에 작게 동그라미를 쳤다. 중고등학교 때 객관식 문제는 계속 이런 식으로 표기했었던 거 같다.

안 좋은 방법	좋은 방법
1. Where is the conversation most likely taking place? (A) At a shoes store　　O (B) At a lawyer office (C) At a real estate agency (D) At an architecture firm	1. Where is the conversation most likely taking place? (A) At a shoes store (B) At a lawyer office (C) At a real estate agency (D) At an architecture firm　**A**
2. What does the woman want the listener to do? (A) Buy a Christmas gift (B) Return a phone call (C) Provide a free sample　　O (D) Send a new warranty	2. What does the woman want the listener to do? (A) Buy a Christmas gift (B) Return a phone call (C) Provide a free sample (D) Send a new warranty　**C**
3. what will the woman do later? (A) Present at a conference (B) Fill out a survey (C) Install a program (D) Take a trip　　O	3. what will the woman do later? (A) Present at a conference (B) Fill out a survey (C) Install a program (D) Take a trip　**D**

하지만, 토익은 처음 모의고사를 봤을 때 RC 100문제 중 40문제를 보지도 못하고 찍어버렸던, 내가 경험해본 시험 중에서 가장 시간이 부족한 시험이었다.

LC가 끝나고 답안지에 답을 옮기려고 돌아왔을 때 작은 동그라미는 잘 보이지도 않았고, A와 B 중간 같은 어중간한 위치에 적어놔 버렸으면 보기를 다시 한번 봐야 할 수도 있다. 지나가 버린 LC 문제가 보기를 다시 본다고 생각날 리 만무하다. 결국, 시간만 잡아먹게 되고, 마음이 급하면 답을 틀리게 옮겨적을 수도 있다.

검색해본 결과 오른쪽 "좋은 방법"처럼 문제 옆에 답을 크게 대문자로 표기해놓고, Part4까지 LC가 다 끝난 다음에 옮겨 적는 방법을 대부분 사용하고 있었다. 대문자를 쓰려면 O, X 표시하는 것보다 시간이 더 걸리는 거 아닌가 싶었는데, 해보니까 동그라미 치는 것보다 시간이 더 걸리지도 않고 옮겨 적는 것도 편했다.

다들 아는데 나만 몰랐던 거 같지만, 토익을 처음 접한 나는 이런 식으로 문제지에 표기해놓는 방법도 매우 신선했다.

Part5·6·7. 문제지에 크게 쓰고, 나중에 옮기기

RC 3개 Part도 같은 방식으로 문제지에 크게 대문자로 답을 써놓고 나중에 답안지에 옮긴다.

다만, 그렇게 시간에 쫓기지 않았던 시험의 경우 답이 약간 애매한 문제는 따로 표시해 놓고 일단 넘어간 다음, 나머지 문제를 다 풀고 다시 돌아와서 고민해봤던 기억이 있다. 하지만 나에게 토익은 돌아와서 다시 볼 시간적 여유가 전혀 없었다. 820점이 나올 때도 마지막 문제까지 제대로 다 풀지는 못했었다.

따라서, 애매한 문제는 다시 돌아와서 고민해 보는 걸 포기하고, 그냥 찍고 넘어가야 한다. 문제보고 10초 정도 고민했는데 답 안 나오면 그건 모르는 거다. 마음은 급한데 쳐다보고, 고민하고 있어 봐야 답이 보일 가능성은 매우 적다. 잘 모르겠는 문제는 집착하지 말고 버려 버리자. 이거 말고도 내 눈길 기다리는 문제들은 많다.

모르겠는 건 찍어서 문제지에 공란을 남겨놓지 말고 최대한 문제를 푼 뒤 OMR에 답을 옮기는 방법이 가장 좋다.

3. 시험장 선택하기

토익을 접수할 때 내가 시험 볼 시험장을 선택할 수 있다. 처음에는 그냥 집에서 가장 가까운 고사장으로 선택했다. 그런데, 알고 보니 고사장에 따라 스피커 음질이 차이 나고 이는 LC 점수에 일정 부분 영향을 줄 수 있었다.

심지어 해커스 토익 사이트에는 "토익 고사장 정보"가 별도 정보 코너로 올라와 있다. 그곳에는 수험생들이 각 고사장에서 시험 본 경험을 별점과 댓글로 표현해 놓았는데, 고사장 평가의 가장 중요한 요소는 '스피커 음질' 이었다.

서울 소재 OO중학교에 대한 댓글을 소개해 본다.

	댓글 내용
OO중 가지마	토익 볼 때 스피커 중요하다는 게 이해 안 갔는데 여기서 시험 보고 바로 이해함 다 뭉개지고 울리고 스피커는 왼쪽 구석에 하나 있음 5만 원과 LC 버리고 싶으면 여기 추천!
OO고 스피커	한국말도 알아듣기 힘들게 나옴
ㅌㅇ	긴말 안 함. 여긴 그냥 동굴에서 듣는다고 보면 댐.

물론, 스피커 음질은 지엽적인 요소이고, 내 듣기능력이 LC 점수를 결정하는 가장 중요한 요인이다. 하지만 음악에 관심이 많은 사람은 조금 더 정확한 소리를 전달할 수 있는 스피커를 찾아 수백, 수천만 원을 쓰기도 한다.

스피커 음질 외에도 학교시설, 접근성, 주변 환경 등에 대한 평가도 포함되어 있다. 왼쪽의 학교별 총괄 별점에서 '자세히'를 누르면, 각 학교에 대한 세부 항목별 평가를 볼 수 있다.

선택의 여지가 없다면 모를까, 평가가 안 좋은 시험장을 군이 선택할 필요는 없지 않을까?

토익은 보통 2주에 한 번씩 토요일 또는 일요일에 시험을 시행하고 있다. 홈페이지 또는 APP에서 접수를 누르면 먼저 날짜를 선택하고, 그다음 시험장을 선택하게 된다. 시험일마다 시험장소로 제공되는 학교는 조금씩 달라서 그때그때 시험장을 정해야 한다.

가장 가깝고 이동하기에 편한 장소가 당연히 1순위다. 하지만, 만

학교별 총괄 별점				항목별 세부 별점		
학교명	후기	별점	더보기	스피커상태	★	별점주기 ▼
서울> 고등학교	32개	★	자세히	학교시설	★ ★	별점주기 ▼
서울> 중학교	31개	★ ★	자세히	냉방시설	★	없음 ▼
서울> 고등학교	30개	★ ★ ★	자세히	난방시설	★	없음 ▼
인천> 공고	29개	★ ★	자세히	접근성	★ ★	별점주기 ▼
전남> 중	29개	★ ★	자세히	주변환경	★ ★	별점주기 —

약 1순위 장소에 대한 평가가 너무 나쁘다면, 조금 일찍 서두르게 되더라도 조금 먼 장소를 선택하는 것도 방법이다.

물론 토익에 있어서 중요한 본질적인 요소는 아니지만, 공부하기 싫을 때 1~2분 정도 시간 내서 확인해 볼 만한 가치는 있는 것 같다.

4. 시험날 미리 일찍 갈까, 임박해서 갈까?

토익은 오후 2시20분에 시작할 때도 있지만, 대부분 오전 9시20분에 시작한다. 그런데, 이 시간은 Orientation, 스피커 테스트 등 사전 준비시간이 포함된 것이다.

실제 시험은 10시10분에 시작하고, 시험장 입장 문을 닫아버리게 되는 "입실 통제시간"은 9시50분이다.

즉, 시험이 9시20분에 시작한다고 하지만 실제로는 9시50분까지만 입장하면 되는 것이다.

입실시간 안내	입실 통제시간 안내
[TOEIC 모바일 수험표] ■ 접수 내역 * 시험일시: 2021.06.27(일) 09:20 * 성명: 전연진 (JEON YEONJIN) * 수험번호: 133585 * 고사장: 수원 / 율전중 * 고사실: 03 * 좌석번호: B2 * 입실시간: 09:20	* 아래 입실 통제 시각부터 입실 불가합니다. 　- 오전 시험 입실 통제 시각: 오전 9시 50분 　- 오후 시험 입실 통제 시각: 오후 2시 50분

고사장에 입실하면 9시20분쯤 감독관이 문제지와 답안지를 가지고 들어온다. 이후 시험감독 본부에서 방송으로 유의사항을 안내해

주고, 스피커 이상 유무를 돌아다니면서 점검한다.

그동안 감독관은 답안지를 먼저 나눠주고, 답안지에 인적사항 및 설문조사 내용 등을 적게 한다.

답안지 앞면은 200문제에 대한 답 기재하는 부분이 메인이고, 간단히 이름 쓰고 왼쪽 아래 필적감정란에 " 본인은 답안지에 기재된 수험자와 동 일인임을 자필로써 확인합니다"라고 자필로 써야 한다.

토익 답안지

뒷면은 좌측에 수험번호와 함께 이름을 한 획씩 OMR로 기재하는 칸이 있고, 우측에 설문조사 내용이 있다. 내가 몇 살인지, 학력은 고졸인지 대졸인지, 토익을 몇 번 봤었는지 이런 내용을 쓰게 되어있다.

설문조사를 기재할 건지 여부는 자기 마음이다.

9시45분쯤 되면 화장실 등 가라고 쉬는 시간을 5분 정도 준다. 이후 9시50분에 입실이 통제되고, 1차 신분증 검사를 한다. 10시05분에 시험지를 나눠주고 잘 못 인쇄된 부분이 있는지 파본 검사를 하라고 한다.

그리고, 10시10분부터 LC 시험이 시작된다.

처음 시험 볼 때 실제 시험이 9시20분에 시작하는 줄 알고 좀 일찍 간다고 서둘렀더니 9시에 도착했었다.

에잇, 너무 일찍 왔다. 나보다 먼저 온 사람은 1명이었다. LC를 조금 빠르게 1.2배속으로 들으면서 시작하기를 기다렸는데 좀 불편하더라. 누가 나한테 말 걸거나 인사하지는 않았지만 내가 신경 쓰였다. 누가 새로 교실 안으로 들어오면 한번 쳐다보게 되고, 뭔가 좀 어수선했다. 시험감독관도 왔다 갔다 하면서 뭐라고 하고, 옆 사람도 신경 쓰이고 해서 시험 직전에 마지막 훑어보기에는 적절하지 않았다.

그래서 2번째 시험부터는 시험장 인근에 미리 여유 있게 도착하되, 차에서 오답 노트를 다시 보거나, LC를 1.2배속 정도로 빠르게 듣다가 9시30분쯤 입실했다.

유의사항 같은 건 첫 시험에서 1번 들었으니 다시 들을 필요가 없고, 성명·수험번호 등 답안지 기재사항은 10분 정도면 충분하다. 이때 입실해도 답안지에 인적사항 쓰고, 화장실 갔다 오는 시간은 충분했다. 참고로 나는 2번째 시험부터는 답안지 뒷면에 있는 설문조사를 작성하지 않았다.

차가 없어도 미리 도착해서 인근 커피숍 같은 데서 집중하다가 시간 맞춰서 입실하는 게 너무 일찍 가는 것보다 낫다.

물론, 늦게 가서 입실을 못 하거나, 입실은 하더라도 헐레벌떡 시험을 치르게 되는 것은 당연히 최악이다.

〈토익시험 시간표〉

	오전	오후	팁
입실시간	AM 09:20	PM 02:20	이 시간보다 10분 정도 늦게 와도 충분.
답안지 작성 Orientation	AM 09:30 – AM 09:45	PM 02:30 – PM 02:45	답안작성 안내 + 시험 유의사항 설명
휴식시간	AM 09:45 – AM 09:50	PM 02:45 – PM 02:50	화장실 꼭 갔다 오기
입실통제	AM 09:50	PM 02:50	교문이 아닌 중앙현관 기준으로 통제
신분확인	AM 09:50 – AM 10:05	PM 02:50 – PM 03:05	주민등록증, 운전면허증, 기간 만료 전 여권 등
문제지 배부/ 파본 확인	AM 10:05 – AM 10:10	PM 03:05 – PM 03:10	파본 확인하면서 요령껏 문제도 확인하자
듣기평가 (LC)	AM 10:10 – AM 10:55	PM 03:10 – PM 03:55	집중력을 유지하자
읽기(RC)	AM 10:55 – AM 12:10	PM 03:55 – PM 05:10	이거만 끝나면 쉴 수 있다 집중력을 유지하자

5. 핸드폰 끄기

이건 좀 창피한 경험이긴 하지만, 첫 시험에서 핸드폰이 안 꺼져서 당황했었다. 안 꺼졌다기보다는… 핸드폰 끄는 법을 모르고 있었다.

다른 시험과 마찬가지로 토익도 시험 보기 전에 핸드폰 등 전자기기의 전원을 꺼서 감독관에게 제출하고, 종료 후 돌려받는다. 그래서 감독관이 핸드폰 꺼서 제출하라고 하는데, 앗! 어떻게 끄는지 모르겠는 거다. 전원 버튼이라고 생각한 조그만 버튼을 길게 누르니 꺼지지는 않고 다른 기능이 작동했다.

그때가 핸드폰을 새로 바꾼 지 얼마 안 되는 시점이었다. 그리고 사람들 대부분이 잘 때도 핸드폰을 끄지 않고 그냥 충전하지 않는가? 난 꺼본 적이 없는 거 같았다.

급한 대로 우선 "비행기 탑승 mode"로 바꾸고 소리도 무음으로 바꿔서 제출했고, 다행히 전화가 오거나 뭐가 울리거나 하지는 않았다. 약간 어이없는 경험이고, 말하기 좀 창피하긴 하지만, 이런 사례도 있으니 미리 본인의 핸드폰 끄는 방법을 숙지해 놓자.

핸드폰뿐만 아니라 스마트워치, 녹음기 등 모든 전자기기의 전원을 차단하여 제출해야 하고, 제출할 때는 감독관이 나눠주는 작은 스티커에 본인 이름을 적고 핸드폰 등에 붙여서 제출하게 된다.

삼성 폰 끄는 방법	아이폰 끄는 방법

 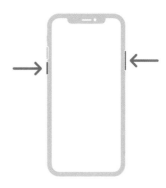

☞ 음량(하) 버튼과 측면 버튼을 동시에 길게 누름	☞ 좌측 음량 버튼 하나와 우측 버튼을 길게 누름

만약, 시험 중 핸드폰, 통신장비, 각종 전자기기를 소지하고 있다가 적발되는 경우 실제 사용 여부와 관계없이 규정 위반 수험자로 처리되고, 보관된 소지품에서 각종 기기가 작동하여 소음이 발생한 경우에도 규정 위반으로 처리될 수 있다.

6. 시험시간 오밀조밀하게 사용하기

"군대에서 토익 900"의 저자 공병우는 단어장을 통째로 외우고, 문제풀이를 집중적으로 한 뒤에 처음 본 토익에서 종료 20분 전에 시험을 마쳤다고 했다. 시간이 남아돌았던 거다.

나는, 나도 그럴 줄 알았다.

하지만, 첫 토익에서 내가 본 RC 문제는 100개 중 75개였다. 나머지 25문제는 보지도 못했다. 내가 시험시간 중에 RC 마지막 200번 문제를 처음으로 본 것은 4월11일에 본 4번째 시험이었다.

이때도 모든 문제를 푼 것은 아니고 마지막 지문에 있는 5문제 중 2~3문제만 풀고 진짜 마지막 문제는 질문과 ABCD 지문만 보고 대충 찍었다. 이것도 Article 1~2지문을 포기한 덕분이다.

나는 시간이 절대적으로 부족했다. LC는 틀리든 맞든 어차피 모든 사람이 음원이 나오는 동안 100문제를 풀게 되는 것은 똑같다. 시간이 부족한 건 RC다.

RC 시간을 단축하는 근본 방법은

1. Part5의 문법·어휘 30문제를 10분 내외로 끝내고

2. 어휘와 독해력을 향상시키고, 문제유형에 익숙해져서 Part7을 막힘없이 푸는 것이다.

이건 토익을 잘해야 한다. 실력을 늘려야 가능하다. 필요하지만 어렵다. 실력 늘리기야 당연히 해야 하고, 문제를 푸는 시간 동안 최대한 집중해서 1문제라도 더 풀어야 한다.

그리고, 문제 풀이시간 외에 시험 전 파본 검사시간, 시험 시작하고 LC Direction(안내방송) 시간도 어느 정도 활용할 수 있다. 시험지의 답을 OMR 용지에 옮겨적는 것도 효율적으로 해야 한다. 시간을 들여서 열심히 문제를 풀었는데 답을 못 맞추면 말짱 꽝이다. 토익 고수가 아니라면 정답 맞출 확률이 낮은 어려운 문제를 버리는 것도 전략이다. 그 시간에 쉬운 문제를 놓치지 않고 푸는 게 점수 따는데 더 낫다. 꼼수라고 표현될 수 있지만 어쨌든 점수를 1점이라도 더 받기 위한 시험시간 사용방법을 소개한다.

LC direction 나올 때 direction 듣고 있어?

LC 시험이 요이땅 하고 시작하면 바로 1번 문제로 들어가지 않는다. 각 Part별로 Direction이 먼저 나온다. Direction이란 문제가 어떤 식으로 출제되고, 답은 어떻게 찾으라고 알려주는, 즉 '문제 푸는 방식'을 알려주는 안내방송이다.

Direction 시간은 조금씩 다른데, part1이 1분30초, part2·3·4는 각각 30초씩이다. part1 Direction이 더 긴 이유는 LC 전반에 대한 안내가 포함되기 때문이다. 4개 part 중 part3·4의 Direction은 각 part의 첫 문제를 미리 skimming(훑어보기) 하는 데 사용해야 하므로 달리 활용하는 것이 불가능하고 해서도 안 된다.

다른 용도로 사용 가능한 건 part1·2 Direction 시간이다. 활용방법은 보통 2가지로 나뉜다. part5의 짧은 문법·어휘 문제를 풀거나, 아니면 part3·4 LC 문제 중 문제나 보기가 긴 지문들을 미리 skimming 하는 것이다. 둘 다 장단점이 있다.

	Part3·4 Skimming	Part5 문제 풀기
장점	한번 읽어본 걸 해당 문제 풀 때 다시 보면 더 잘 읽힌다 ☞ LC 정답률 UP ↑	RC 시간에 풀 문제 수가 줄어든다 (능력에 따라 5~30문제) ☞ 보지도 못 하는 part7 문제 감소
단점	미리 읽어본 게 문제 풀 때 정확히 기억나지는 않는다 ☞ 손에 잡히는 결과가 없다.	Part3·4의 길고 복잡한 보기들을 제대로 Skimming 못 할 수 있다 ☞ LC에 마음의 평화를 갖기 곤란

LISTENING TEST

In the Listening test, You will be asked to demonstrate how well you understand spoken English. The entire Listening test will last approximately 45 minutes. There are four parts, and directions are given for each part. You must mark your answer on the separate answer sheet. Do not write your answers in your test book.

PART1

Direction: For each question in this part, you will hear four statements about a picture in your test book. When you hear the statements, you must select the one statement that best describes what you see in the picture. Then find the number of the question on your answer sheet and mark your answer. The statements will not be printed in your test book and will be spoken only one time.

Look at the example item below.
Now listen to the four statements.

(A) They're moving some furniture.
(B) They're entering the meeting room.
(C) They're sitting at a table.
(D) They're cleaning the carpet.

Statement(C). "They're sitting at a table." is the best description of the picture, so you should select answer (C) and mark it on your answer sheet.

Direction 시간 활용에 있어 중요한 점을 먼저 짚어야겠다.

가장 중요한 것은 part3·4를 skimming 하든, part5 문제를 풀든 Direction이 끝날 때, 실제 문제가 나오는 part1, part2 시작 부분으로 돌아와야 한다는 것이다.

Part1의 경우 빨간색 밑줄을 친 <u>so you should ~</u> 부분이 방송에 나오면 풀던 문제를 마무리하고 바로 part1의 1번 문제로 잽싸게 돌아와야 한다.

LC는 1회 청취다. Direction이 끝나는지도 모르고 계속 문제를 풀다가 가장 쉬운 part1의 1번 문제를 나 혼자만 놓쳐버릴 수도 있다.

part2 Direction은 30초로 길지 않지만, 앞뒤 공백까지 하면 part5 기준으로 2~3문제는 충분히 풀 수 있다. part1 끝나자마자 part5로 갔다가 <u>(A), (B), or ~</u> 부분이 나오면 part2로 돌아오면 된다.

Part2 Direction(30초) → 그대로 읽어줌

PART 2

Direction: You will hear a question or statement and three responses spoken in English. They will not be printed in your test book and will be spoken only one time. Select the best response to the question or statement and mark the letter <u>(A), (B), or (C) your answer sheet.</u>

❶ 잡고 풀기	❷ 넘기기	❸ 돌아오기

그리고, 이건 너무 소소한 거 같긴 하지만, 돌아갈 페이지와 문제 푸는 페이지를 왼손으로 잡고 문제를 풀면 part1·2로 돌아갈 때 헤매지 않고 바로 돌아갈 수 있다. 지우개나 신분증을 돌아갈 페이지에 껴놓는 방법도 있다.

나는 둘 다 part5 푸는 데 활용했다. 나 말고도 대부분 수험생이 이 시간에 part5를 푸는 것으로 알고 있다. 고수들의 경우 part1·2의 Direction 2분과 시험 직전 파본 검사 시간을 활용해서 part5의 30문제를 모두 풀어버리는 사람도 있다고 한다.

문제 풀라고 하는 시간에 문제를 풀면 되지, Direction 시간과 파본 검사 시간까지 문제를 푸는 게 좀 꼼수 같고, 없어 보인다고 생각할 수 있다.

하지만, 특히 토린이의 경우 Part7 독해에서 시간이 많이 소요된다. 독해 시간을 최대한 확보하기 위해 시간을 쪼개고 또 쪼개고, 최대한 집중하고, 최선의 노력을 다하는 것이다.

그런데 문제가 하나 있었다. 귀로 Direction을 들으면서 part5를 풀려고 하니 정신이 분산되고 집중이 안 되는 느낌이었다. 그래도 어쨌든 문제를 조금이라도 풀어야 하니까 당연하다는 듯이 1번부터 쭉 풀어나갔는데, 더 좋은 방법을 알게 됐다.

Direction 시간에 part5를 다 풀어버릴 수 있는 고수는 제외하고, 나처럼 10문제 정도 풀 수 있는 사람은 조금 더 단순하고, 기계적으로 풀 수 있는 '문법 문제' 위주로 푸는 게 더 낫다.

Part5는 크게 문법 문제와 어휘문제로 나뉜다. 문법 문제는 보기의 단어가 같은데 형태만 다른 품사 찾기와 보기가 같지는 않은데 결국 품사 찾기인 문제가 있다. 어휘문제는 보기의 단어 자체가 아예 다르고, 딱 맞는 의미의 단어를 찾아야 한다.

문법 문제를 보통 '1초 문제', '3초 문제' 라고들 한다. 문제를 보자마자 거의 해석하지 않고 앞뒤 단어를 통해 품사만 찾아서 바로 답을 수 있다. 어휘문제는 단어의 특성을 정확히 알고 있거나, 아니면 해석을 해서 정확한 의미의 답을 찾아내야 하므로 문법 문제보다 조금 더 고민이 필요하다.

예를 들어보자. 우선 문법 문제, 정확하게 얘기하면 품사 찾기 문제다.

101. If your parking permit is damaged, bring it to the entrance station for a ⋯⋯⋯ .

(A) replacement

(B) replacing

(C) replace

(D) replaces

이 문제를 풀기 위해서는 오로지 'a ⋯⋯⋯ .'만 보면 된다.

'If your'에서 'station for' 까지 문장 대부분은 문제를 푸는 것과 아무 상관이 없다. 관사 'a' 뒤에 있고, 마침표 앞에 있는 공란은 당연히 명사가 와야 한다. (A)replacement가 명확한 명사이므로 주저하지 않고 (A)를 답으로 적고 넘어간다.

(B)replacing은 정확한 명사가 아니고 명사 역할도 할 수 있을 뿐이다. shopping, marketing 등 몇몇 정확한 명사를 제외하고 나머지 ~ing들은 주로 동명사고 원래 타동사였다면 뒤에 목적어가 있어야 한다. 혼란을 주는 용도다. (C)와 (D)는 동사다.

'1초 문제'를 정말 1초에 맞추기 위해서는 혹시 있을지 모를 예외 상황을 고려하고, 의심하고, 번뇌해서는 안 된다.

"앞에 'a'가 있고, 뒤에 마침표네 → 명사네 → A가 명사네"

이게 이 문제를 대하는 '의식의 흐름' 의 전부다.

Part5 문법 문제는 나에게 정말 재밌는 경험이었다. 영어문제를 해석하지 않거나 아주 조금만 해석하고 푼다는 건 상상도 못 했었다. 1개만 더 예를 들어보자.

101. She was delighted to receive ········· that her company soon will be featured in the Times.
(A) notify
(B) notification
(C) notifying
(D) notifies

3형식 동사 receive로 만들어진 to부정사 뒤에 있으므로 receive의 목적어가 필요하다. that 절은 빈칸의 목적어를 수식하는 역할이다. 목적어 역할을 하는 명확한 명사 (B)notification이 답이다. (A)와 (D)는 동사, (C)는 동명사다. (C)가 들어가려면 목적어 역할을 하는 명사가 추가로 붙었어야 했다.

다음으로, 어휘문제다. 어휘문제를 풀어보면서 단어의 뜻을 대충이 아니고 정확하게, 그리고 어떤 형태로 사용되는지도 명확하게 알고 있어야 한다는 사실을 알게 됐다. 그리고 이게 시험장에서 바로 활용되려면 '외워야' 한다.

대부분 사람이 알고 있을 비교적 쉬운 단어로 구성된 문제 1개만
살펴보자.

101. He ········ additional images of the office building he is interested
in leasing.
(A) informed
(B) asked
(C) advised
(D) requested

해석하면 "그가 추가 이미지를 ~ 했다"이다. 보기는 (A)알려주다
(B)묻거나 요청하다 (C)권고 또는 충고하다 (D)요구하다 등 4개다.

4개 보기 모두 우리말로는 말이 되는 것처럼 보인다. '추가 이미지'
를 알려줄 수도 있고, 요청할 수도, 권고할 수도, 요구할 수도 있을
거 같다. 하지만 영어로는 정답이 (D)requested밖에 없다.

(A)inform의 뜻은 '알리다'가 아니다. '~에게 알리다' 이다. 따라서
뒤에 목적어로 사람 목적어가 먼저 와야 한다.

(C)advise도 마찬가지다. '권고·충고하다'가 아니다. '~에게 권고
하다. ~에게 충고하다'가 정확한 뜻이다. 사람 목적어가 필요하다.

(B)ask 뒤에 일반목적어가 있으면 ask는 '물어본다'라는 뜻이다. ask가 '요청하다'로 쓰이려면,

❶ 'ask for'로 쓰이거나

❷ 'ask 사람 목적어 to 부정사' 아니면

❸ 'ask 사람 목적어 that 절'의 형식이 되어야 한다.

영어 전체로 보면 동사의 몸속에 '누구누구에게' 또는 '누구누구를'이 포함된 단어가 많을지 모른다. 하지만, 토익에 나오는 단어는 그다지 많지 않다.

〈 '~에게'가 포함된 동사 중 외워야 하는, 토익 빈출 단어〉

inform / notify / remind / tell / advise / warn / assure / convince / persuade.

이런 암기가 필요한 사항들이 나오면 정리해서 외워야 한다. 이 단어들의 뜻과 사용법을 외우고 있었다면 위 문제는 쉽게, 정말 2~3초에 풀 수 있다.

외우고 있지 않았다면,

❶ 해석했더니 **4개 다 비슷**해서,

❷ 그중 어떤 해석이 가장 잘 어울리는지 **고민**하다가,

❸ 모르겠다고 **아무거나 찍고 틀려**버리거나, 운 좋게 맞더라도

❹ Part7 **시간 부족**을 일으킬 가능성이 매우 크다.

Direction시간 중 활용 가능한 시간은 part1 1분30초, part2 30초 합해서 2분이다. 활용방법은 part3·4 스키밍, part5 문제풀이 둘 다 괜찮다. 작은 시간이라고 무시하지 말고, 최대한 활용해야 한다. 정말 고수가 되면 이 시간에 part5 30문제를 다 풀 수도 있다.

다시 한번 가장 중요한 건,

돌아올 때를 놓치지 말고 제때 돌아와야 한다는 것이다.

OMR marking은 언제 어떻게?

쓸모없이 허비되는 시간이 없어야 한다. 하지만, 시간 단축하겠다고 LC 문제풀이 시간에 OMR을 적으면 문제를 제대로 풀 수 없다. 문제 풀기에 적절하지 않은 어수선한 시간을 활용해야 한다. 마지막에 시간 부족으로 답안지에 옮겨적지 못하는 경우는 1% 확률로도 일어나면 안 된다.

처음엔 답안 marking을 언제 할까도 우왕좌왕했다. 약간의 시행착오 끝에 LC를 듣자마자 바로 답을 찾지 못해서 버퍼링이 생기고, RC를 마지막 문제까지 온전하게 풀지 못하는 내가 정한, 답안 marking 방법을 소개한다.

〈Part1 마킹 방법〉

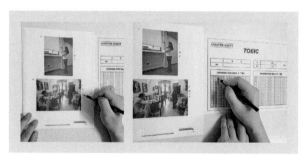

1. Part1은 문제 풀면서 바로 marking

Part1은 문제지에 기재한 답을 답안지로 바로 옮기기에 충분한 시간이 있다. 다만, 문제지와 답안지 간격이 멀면 손과 눈이 멀리까지 왔다 갔다 해야 하니 시간도 더 걸리고, 잘못 표기할 가능성도 크다. 그 간격을 좁게 해놓고 바로 답을 적는다.

〈Part2 마킹 방법〉

2. Part2도 되도록 문제 풀면서 바로 marking

Part2는 처음에는 좀 버겁지만, 연습하다 보면 문제 풀면서 OMR에 바로 옮겨 적을 수도 있다. Part2는 시험지 한 장에 7번부터 31번까지 25문제가 다 있고, 왼쪽에 7~19번, 오른쪽에 20~31번이 있다. 따라서, 7~19번을 풀 때는 답안지를 그 옆에 두고 바로 답을 적고, 20번으로 넘어가면서 답안지를 오른쪽으로 옮겨서 적는다.

Part1과 마찬가지로 문제지와 답안지 간격을 좁게 해서, 손과 눈의 이동시간을 최소화해야 한다. 그리고, 문제지보다 답안지의 번호 간격이 더 좁아서 문제가 내려갈수록 답안지를 조금씩 내려야 한다.

문제번호와 답안지번호를 일렬로 맞춰줘야 답안 옮길 때 오류 발생
가능성이 작아진다.

3. Part3·4는 Part4 끝나자마자

Part2가 끝나면 Part3가 시작되는데, 1·2와 마찬가지로 바로 문제
를 시작하는 게 아니라 Direction부터 시작한다.

Part3 Direction은 30초, 이 시
간을 이용해서 Part3 첫 지문에 딸
린 **32·33·34번** 문제를 Skimming
해야 한다. Skimming하면서 문제
와 보기에서 주요 단어를 밑줄이나
동그라미로 표시해 놓는다. 첫 단
어와 마지막 단어가 중요한 경우가
많고, speaker가 남자인지 여자인
지 나와 있으면 표시해 놓자.

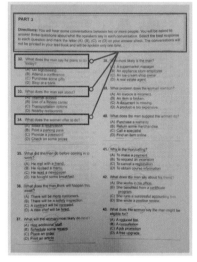

Direction이 끝나고 나면 성우가 "Questions thirty-two through
thirty-four. Refer to the following conversations"라고 말하면서
1초 정도 있다가 32~34번 문제에 관한 대화가 시작된다. 이 대화를

들으면서 동시에 미리 Skimming 해놓은 문제를 눈으로 훑으면서, 정답이라고 생각되면 ABCD 중 하나를 바로 답으로 적어놓는다.

대화가 끝나면 성우가 파란색 box로 표시한 3개 문제의 '문제'를 읽어주고, ABCD 보기는 읽어주지 않는다. '문제'를 읽어주는 시간 포함해서 다음 음원이 나올 때까지 20~25초 정도 주어지고, 이 시간 동안 다음 3개 문제를 Skimming한다.

즉, 대화가 끝날 때 우리의 정답 찾기도 끝나고, 다음 문제 Skimming을 시작해야 한다. 대화가 끝난 뒤에 성우가 '문제'를 읽어주고 있는데, 이때 해당 문제의 답을 고민하고 있으면 다음 문제에 대한 Skimming을 할 수 없다. 그러면 다음 3문제 모두 망치는 것이다.

LC의 Part3·4는 이런 식으로 skimming하고 음원을 들으면서 답을 찾아 적고, 음원이 끝나고 성우가 문제를 읽어주기 시작하면 다음 3문제를 skimming하는 과정의 연속이다. 1초도 쉴 시간이 없다. 답을 답안지에 옮길 겨를도 없고, 그래서도 안 된다. 문제에 온전히 집중하고 문제지에 답을 크게 적어놓는다.

답안지에 옮기는 것은 Part4가 모두 끝난 다음이다. Part4가 끝나면 RC가 시작되면서 우리말로 간단한 안내방송이 나온다. 어차피 Part5를 풀기에는 어수선하고 집중도 잘 안 된다.

이 시간에 Part3·4의 69문제와 혹시 못 옮겼다면 Part2 정답을 OMR로 옮겨놓고, RC를 본격적으로 풀기 시작하자.

4. RC 3개 Part(5·6·7)는 15분 남았을 때 1차 옮기기

LC 100문제를 RC 시작하면서 답안지에 다 옮겼기 때문에, 남은 것은 RC 100문제다. 감독관이 시간 안내를 2번 하는데 15분 남았을 때 한번, 5분 남았을 때 다시 한번 안내해준다.

5분 남았을 때 100문제를 답안지에 옮기는 것도 시간상으로는 가능하다. 하지만 항상 변수가 있을 수 있다. 잘 못 옮겨서 지우고 다시 적어야 할 수 있고, 밀려 써버렸을 수도 있다. 밀렸을 경우 많은 문제를 지우고 다시 답을 기재해야 한다.

혹시 있을지 모를 이런 경우를 대비해서 15분 남았을 때 그때까지 푼 문제를 일단 답안지에 옮기는 게 더 낫다. 5분 남았다고 할 때 답안지에 옮기려면 아무래도 마음이 급할 수밖에 없고, 그러면 실수가 생길 수 있다.

시험이 종료됐는데 계속해서 답안을 marking 하다가는 시험성적이 무효처리 될 수 있고, 답안지를 제출하라는 감독관의 지시에 불응하게 되면 응시 제한에 걸릴 수도 있다. 꼭 그렇지 않더라도 공정한 시험 진행을 위해 답안 제출을 독촉하게 되는 감독관에게도, 답안지를 걷어가는 동료 수험생에게도 민폐다.

마음의 평화를 얻고, 여유 있게 답안지를 채워가기 위해 15분 남았을 때 그때까지 푼 문제를 일단 답안지에 옮기자. 이후 남은 시간을 활용해서 최대한 나머지 문제를 풀고, 못 푼 문제가 있다면 ABCD 중 하여간 아무거나 찍어야 한다. 잘 찍으면 마지막 지문의 5문제 중 2문제도 맞을 수 있다.

도저히 시간 안에 RC 다 못 풀면?

난 도저히 시간 내에 RC 100문제를 다 풀지 못했다. 이게 쉬운 일이 아니다. 쉽게 그냥 되는 사람도 있겠지만 나에게는 너무 어려웠다. 그래서 100문제 다 푸는 걸 포기했다.

난 990점 목표가 아니고 800점 정도가 목표였기 때문에 LC, RC 각각 15~20문제 정도는 틀려도 된다. 그래서 풀어봤자 시간만 오래 걸리고 맞을 확률은 낮은, 즉 어려운 문제는 그냥 찍어버리기로 했다.

토익 RC에서 가장 어렵다고 하는 게 "Article(신문기사)"이다. 물론 읽어내기 가장 어려운 Article을 집중적으로 봐서 Part7 전반에 대한 능력치를 상승시키는 사례도 있다.

하지만, 나는 시험을 2~3번 봤을 때도 마지막 3중 지문 1~2개는 거의 못 풀었다. 3중 지문들은 1지문에 5문제씩이니까 5~10개 문제를 제대로 못 풀고 한 번호로 찍은 것이다.

Article은 보통 단일지문에서 3~4개 문제짜리로 2개 지문 정도 나온다. 이걸 풀지 않고 찍고 넘어가게 되면 마지막 문제들을 풀 수 있는 거였다. 나의 독해력이 갑자기 급상승할 것으로 기대하기는 어려웠다. 이 상황에서 일단 선택해야 했다.

토익은 상대평가다. 같은 1개의 문제라도 같은 1점이 아니다. 문제를 맞은 사람이 많으면 맞았어도 얻는 점수가 적고, 맞은 사람이 적으면 얻는 점수가 높다. 반대로 많은 사람이 맞았는데 틀렸으면 잃게 되는 점수는 크고, 다수가 틀린 문제는 틀려도 점수가 많이 깎이지 않는다.

3중 지문은 응시생 중 많은 사람이 틀린다. 틀리는 가장 큰 이유는 문제가 어렵다기보다는 나처럼 문제를 아예 보지 못하고 찍어버리기 때문이다. 난이도 자체가 아주 높지는 않다. 시간을 들여서 읽으면 대부분 맞힐 수 있다.

Article도 많이 틀린다. 틀리는 이유는 어려워서다. 단어가 어려워서, 문장이 길어서, 문장 구조가 복잡해서 해석해도 의미가 바로바로 안 와 닿기 때문이다. 시간 들여서 읽어도 맞추기 힘들다.

〈Article: 빡빡하고 보기 싫다〉

대문자로 써진 고유명사도 많다. 빽빽하고 좁고, 잘 안 읽힌다. 꽤 시간을 들여 지문을 해석하고 문제의 보기와 맞춰보면서 정답을 찾아도 맞는 확률이 2문제 중 1문제 정도밖에 안 됐다. 3문제짜리면 1개는 꼭 틀렸다. 시간만 엄청 잡아먹고.

그래서 나는 Article을 일단 버리기로 했다. 이건 순전히 개인 역량에 따른 선택이다. 시간 내에 RC 전체 지문을 읽어내고 풀어낼 수 있는 사람에게는 해당 사항이 없다. 당연히 전체 지문을 읽고 문제를 푸는 게 가장 좋다.

다만, 이게 안 되는 사람이라면 순서대로 쭉 풀다가 마지막 3중 지문을 못 푸는 것보다는 중간에 단일지문으로 있는 Article을 버리고 넘어가서 마지막 문제를 영접하는 게 더 낫다.

아, 가끔 Article이 이중·삼중지문에 섞여 나오는 때도 있다. 이것까지 버리면 너무 많이 버리는 게 될 거 같다. 남은 시간을 고려해서 순간적으로 선택하되, 어지간하면 이건 풀자.

RC 앞에서부터 순서대로? 뒤에서부터 거꾸로?

토익을 워낙에 많은 사람이 응시하기 때문에 문제를 조금 더 수월하게 풀기 위한 여러 Tip 또는 꼼수들이 존재한다. 그리고 그중에는 문제 푸는 순서에 대한 것도 있는데, RC를 뒤에서부터 풀라고 하는 사람도 꽤 있다. 뒤에서부터 풀면 배점이 높은 이중·삼중지문을 안정적으로 풀 수 있고, 막판 초읽기 할 때 part5의 짧은 문제를 풀 수 있다.

보통 10세트로 구성된 1000제 문제집을 많이 풀게 되니, 연습할때 한두 번 뒤에서부터 푸는 것도 해보고 자신에게 맞는 방식을 찾으면 될 거 같다.

나도 뒤에서부터 풀어보긴 했는데, 뭔가 어수선하고 어지럽다는 느낌이 들어서 그냥 앞에서부터 순서대로 풀었다.

	순서대로	뒤에서부터
장점	▶ 익숙하다. 어수선하지 않다	▶ 배점이 높은 다중지문을 안정적으로 풀 수 있다 ▶ 짧은 시간에 감각적으로 찍을 수 있는 Part5를 마지막에 푼다
단점	▶ 배점이 높은 이중·삼중 지문을 놓칠 수 있다	▶ 익숙하지 않다. 어수선하다. ▶ 시간이 부족하면 Part5 쉬운 문제를 여러 개 놓칠 수 있다

LC 전반에 걸쳐 "못 들었으면 버려라"가 가장 기본적인 원칙이다. LC는 단 1회만 청취할 수 있다. 다시 듣기가 안되기 때문에 정확히 못 들었으면 찍고 넘어갈 수밖에 없다.

그나마 Part1·2는 문제가 1문제씩 나오기 때문에 그 문제를 잘 들었는지, 못 들었는지 알 수 있고, 내가 의지만 있으면 못 들은 문제에 집착하지 않고 다음 문제를 준비할 수 있다.

하지만, 이게 잘 안되는 게 Part3·4 부분이다. 예를 한번 들어보자. 정답과 힌트를 형광펜 해놨다.

이 문제의 경우, 1번과 2번은 Woman의 1번째, 2번째 대화에 힌트가 섞여 있고, 단어가 패러프레이징 되어있다.

여자는 the building project supervisor를 만나러 왔고, how our new office building is coming along 새 건물 공사의 진행 경과를 알기 위해 이곳에 왔다. 이를 통해 대화현장이 construction site임을 유추할 수 있다. 힌트 단어가 직접 언급되어 있지 않다. 쉽지 않다.

그리고, Would you mind telling me how things are going? 라고 했으니 여자가 알고 싶은 게 How a project is progressing임을 유추할 수 있다. 'how things are going'이 'progressing'이라고 패러프레이징 되어

지문 스크립트	문제(3개)
W:Hi, I'm here to see Alex Jamie, the building project supervisor. M:That's me. How can I help you? W:I'm Julie Jung from J Enterprises. I'm here to check on how our new office building is coming along. Would you mind telling me how things are going? M:Sure, As you can probably see, we're installing all the windows and doors. We only have two more floors to go. If we keep up this pace, we should be finished by the ninth. W:So you're ahead of schedule? well, I'm glad to hear that. I'll meet with the management team later today, so I'll update them on your progress.	1. Where is the conversation most likely taking place? (A) At a construction site (B) At a home improvement store (C) At a real estate agency (D) At an architecture firm 2. What does the woman want to know? (A) When a shipment is arriving (B) Where a trade show will take place (C) How a project is progressing (D) Who will be running a training 3. what will the woman do later? (A) Meet with the management team (B) Fill out a survey (C) Install a computer program (D) Approve some blueprints

있어 역시 쉽지 않다.

1번과 2번은 힌트 단어가 간접적으로 제시되고 있어 기본적으로 쉽지 않은 문제다. 게다가 1번과 2번 힌트가 섞여 있어서, 1번 문제 답을 찍고 바로 2번으로 내려오지 않았다면 2번 문제 힌트를 놓쳤을 가능성이 크다.

그런데 3번은 그게 아니다. 쉬운 문제다.

3번은 패러프레이징도 되어있지 않고, Meet with the management team이라는 말이 토씨 하나 바뀌지 않고 그대로 언급됐다. 충분히 맞출 수 있는 문제고, 맞춰야 하는 문제다.

하지만, 만약 3번 힌트가 나올 때 3번 문제를 보고 있지 않았다면? 혹시 2번 정답을 찾지 못해 계속해서 2번 문제를 보고 있었다면? 그랬다면 3번도 틀리는 것이다. 그래서 못 들었으면 버려야 한다.

하지만, 버려야 한다는 걸 알고 있음에도, 버리기로 마음먹고 있음에도 불구하고, 버리지 못하는 경우가 부지기수다.

왜냐하면, 내가 들었는지 못 들었는지 모르기 때문이다.

이미 힌트가 지나가 버렸는데 그 힌트를 못 들었으니 다음 문제로 넘어가지 못하고 '힌트가 나올 때가 됐는데' 하면서 계속 그 문제를 보게 된다.

그나마 다행인 건, part3·4가 지문 전체에 대한 이해를 바탕으로 종합적 사고과정을 통해 풀어야 하는 고난도 문제가 없다는 것, 그리고 정답 힌트가 99% 문제 순서대로 나온다는 것이다.

즉, 정답 힌트 간의 간격이 좁거나 넓거나 할 때는 있어도 힌트 순서를 바꾸는 경우는 거의 없다. 대부분 첫 번째 문제 힌트가 처음에 나오고, 그 뒤에 두 번째 문제 힌트, 그 뒤에 세 번째 문제 힌트가 나온다

힌트가 나올 시간이 된 거 같은데, 아니면 지난 거 같은데 라고 생

각이 들면 그냥 그 문제는 못 들었다고 생각하고 다음 문제로 가야
한다. 적정한 시간이 지났는데 정답 힌트를 못 들었다면 그 문제는
틀린 것이다.

　미련을 버리고 다음 문제로 넘어가는 게 최선이다. 이것만 잘해도
LC에서 50점은 올릴 수 있다고들 한다.

8. 소소한 Part3·4 점수 지키기

한숨 한 번 쉬고 집중

Part3·4에서는 문제 세트별로 음원이 나오기 전에, 몇 번부터 몇 번에 관한 문제인지, 그리고 개략적인 특징을 안내해준다.

예를 들어, "Questions thirty-two through thirty-four. Refer to the following conversation"이라는 음성이 나왔으면, 32번부터 34번 문제에 대한 음원이 나오고, 2인 대화문이라는 뜻이다.

만약 3인 대화문이라면 "Questions thirty-two~conversations with three speakers"라고 안내한다. 마지막에 "with three speakers"를 붙여서 3인

	구분	안내음성
Part 3	2인 대화	Questions 32 through 34. Refer to the following conversation.
	3인 대화	············ conversation with 3 speakers.
	+ 시각 정보연계	············ conversation and 시각정보 종류 (catering menu, guide book, instructions, graph···)
Part 4	1인 담화	Questions 71 through 73. Refer to the following + 담화의 종류 (telephone message, advertisement···)
	+ 시각 정보연계	············ advertisement and 시각정보 종류 (schedule, garden layout, map, menu, floor plan···)

대화라는 것을 알려준다. Part3·4에서 각각 2-3문제씩 포함되는 시각정보 연계문제는 지도·그래프 등 시각정보의 종류를 같이 알려준다. 이 음성안내가 나오면 문제 skimming 하던 걸 멈추고, 각 세트의 첫 번째 문제로 눈을 옮겨야 한다.

그리고, 안내 음성이 끝나고 문제 음원이 나올 때까지 1초 공백이 있다. 안내 끝나면 가볍게 "한숨" 한 번 쉬고 음원이 시작되는 그 순간에 내 귀도 새롭게 열고 집중하자.

LC 45분 동안 계속 긴장 상태로 있게 되므로 순간 집중력이 흐트러져 버리면, 음원 첫 부분을 놓쳐 버릴 수 있다. 만약 첫 문제 힌트가 음원 첫 문장에 바로 나왔다면 1문제 날아가 버릴 수 있다. 이 타이밍을 몸이 기억하게 해야 한다. 첫 단어부터 하나의 단어도 놓치지 않겠다는 마음으로 귀를 열고 눈으로는 문제를 훑어가야 한다.

Skimming 시간 남으면 한 번 더 보기

Part3·4에서 앞 문제 음원을 들으면서 문제를 풀고, 성우가 각 문제를 읽어주는 시간 동안 다음 문제 세트를 skimming 하게 된다. 그런데 너무 당연한 얘기지만, part3·4도 어떤 문제는 짧고 간단하고, 어떤 문제는 길고 복잡하다.

길고 복잡한 문제 세트	짧고 쉬운 문제 세트
32.Where is the talk most likely taking place? (A) At a supermarket (B) At a community park (C) At an art supply store (D) At a farm	32. What type of business is the man calling? (A) A bookstore (B) A restaurant (C) A clothing shop (D) A printing shop
33. What does the speaker remind the listeners to do? (A) Put belongings in a locker (B) Fill out a survey (C) Use sun protection (D) Read some instructions	33. What will happen next week? (A) A class will begin. (B) A shipment will arrive. (C) A location will change. (D) A sale will end.
34. What does the speaker mean when she says, "all of our flowerpots are twenty percent off"? (A)She needs the listeners to change some price tags. (B)She wants the listeners to purchase some merchandise. (C)She is disappointed that a product did not sell well. (D) She is surprised by a decision	34. what information does the woman ask for? (A) A bank account number (B) A mailing address (C) A discount code (D) A telephone number

skimming 할 때 밑줄 등으로 표시해 놓을 만한 내용을 왼쪽은 파란색, 오른쪽은 빨간색으로 표시했다.

왼쪽은 음원이 나오기 전에 저 문제들을 skimming 해서 Keyword 잡아놓는 것만으로도 벅차다. 그런데, 거의 그런 일이 발생하지 않지만, 아주 가끔 앞 문제를 빨리 풀어서 skimming을 빨리 시작했는데, 오른쪽처럼 문제도 짧고 간단해서 skimming이 끝났는데도 시간이 남는 경우가 있다.

이때 처음에는 'skimming 끝났고 시간이 좀 있으니 다른 문제도 미리 봐볼까?'하고 옆 문제들을 기웃거린 적이 있었다.

패착이었다.

다른 문제도 제대로 보지 못했을 뿐만 아니라, 그거 보는 동안 정작 지금 풀어야 하는, 빨리 skimming 끝냈던 내용이 머리에서 희미해져 버린 거다. 문제가 나오려고 해서 다시 돌아왔을 때 skimming 했던 내용이 섞이면서 머리가 어수선해지고 답도 잘 못 찾았다.

무리한 욕심을 부리지 말고, skimming이 빨리 끝났으면 다시 한 번 보면서 내용을 숙지하는 게 더 낫다.

혹시 그래도 시간이 남으면, 잘 들리지도 않는 외국말을 듣기 위해 고생하고 있는 나에게 잠깐의 쉬는 시간을 주는 것도 나쁘지 않다.

Skimming 하는 방법

1. 문제가 짧고 명사 위주 보기로 구성 ☞ 편하게 읽자

문제 의문사와 주어·동사, **보기** 핵심 명사 밑줄 긋기.

문제 예시	Skimming 예시
32. What business does he start?	32. <u>What business</u> does <u>he start</u>?
(A) A marketing agency	(A) A <u>marketing</u> agency
(B) An electronics store	(B) An <u>electronics</u> store
(C) A real estate agency	(C) A <u>real estate</u> agency
(D) At an architecture firm	(D) An <u>architecture</u> firm

* "agency"든 "store"든 그게 그거다. "what business"냐고 물었으니 "marketing" 등 사업종류만 잡아놓자.

2. 문제가 좀 길고 To부정사, 동명사 위주 보기로 구성 ☞ 핵심만 잡자

문제 의문사와 주어·동사 등 핵심단어만 밑줄.
보기 To부정사, 동명사도 잡을 수 있으면 좋지만, 시간이 부족하면 우선 뒷부분의 목적어라도 잡아놓기.

문제 예시	Skimming 예시
32. Why does the man to talk to the woman?	32. <u>Why</u> does the <u>man</u> to <u>talk</u> to the woman?
(A) To decline an invitation	(A) To <u>decline</u> an <u>invitation</u>
(B) To complain about the service	(B) To <u>complain</u> about the <u>service</u>
(C) To ask for some device	(C) To <u>ask for</u> some <u>device</u>
(D) To explain a schedule cancel	(D) To <u>explain</u> a schedule <u>cancel</u>

* "거절", "불평", "요구", "설명"은 볼 수 있으면 보기. "초대", "서비스", "장비", "취소"는 꼭 잡아놓고 문제 듣기.

3. 문제가 가장 긴 의도파악 문제 ☞ 문제라도 읽어놓자

문제 인용 부분은 必. 주어와 의문사 확인.
보기 문장형태면 첫 단어와 끝 단어 확인.주어가 모두 같으면 무시, 동사나 끝 단어 확인.

문제 예시	Skimming 예시
32.Why does the man say, "the request came directly from the manager"?	32.<u>Why</u> does the <u>man</u> say, "<u>the request came directly from the manager</u>"?
(A) A worker is highly qualified.	(A) A <u>worker</u> is highly <u>qualified</u>.
(B) A plan is not changeable.	(B) A <u>plan</u> is <u>not changeable</u>.
(C) Some information is not correct.	(C) Some <u>information</u> is <u>not correct</u>.
(D) An event have to cancel.	(D) An <u>event</u> is <u>canceled</u>.

* "근로자", "계획", "정보", "이벤트" : 주어 먼저 잡기

9. 시험 보기 전에 행동 Pattern 점검하기

첫 번째 시험 볼 때, 시험 보러 가서 '이렇게 저렇게 움직여야지' 하고 생각하고 갔었다. 그간 강의·검색 등을 통해서 알게 된 소소한 기법들, 예를 들면, direction 나올 때 Part5 문제를 푼다거나, 잘 모르겠으면 찍고 바로 넘어가야 한다거나 하는 소소한 기술들.

이런 것들을 생각했었고, 알고 있다고 생각했었는데, 실제 시험을 볼 때 제대로 적용하지 못했다. 처음으로 시험장 스피커로 LC를 들으면서 소리가 뭉개지고 잘 안 들려서 멘붕에 빠지고, 못 들었는데 문제 붙잡고 있다가 다음 문제 skimming 못하고, 문제 푸는 도중에 '답안지에 언제 옮기지' 이런 거 생각하고, 한마디로 우왕좌왕이었다.

그래서, 두 번째 시험 보기 전날, 내가 시험장에서 기술적으로, 어떤 방식으로 시험에 임해야 하는지 생각나는 것들을 손으로 적어보고, 시험장에 도착해서 다시 한번 곱씹어 봤다.

알고 있었는데, 생각하고 있었는데, 아직 익숙하지 않아서, 습관되지 않아서 내 몸이 기계적으로 반응하지 못했던 것들을 다시 한번 점검해 보자.

1. Part 1 풀기 전 Part 5 풀기.

2. Part 1은 OMR 체크하면서 풀기. ⊕ part 2 도

3. Part 1 풀고 Part2 디렉션 때 Part 5 풀기.

4. Part 5 article 표시하기. → 답 1개고 짧은 거 넘어가기.

4. Part 3. 4 1번에만 체크하기.

6. Part 5 애매하면 짧은 거 넘어가기.

7. Part 2 도 답체크하면서 풀기.

8. Part 2 : 사람 이름 나오면 → he, she.
   he, she 나왔는데 사람 이름 없었으면 X.

9. part 3 이후. A.B.C.D로 표기하기.

10. part 5. 문제 2개 2개.
    3개 2개 반.

주로 지금까지 말씀드린 내용이지만, 첫 시험에서 제대로 실행하지 못한 내용이다. 시험장에서의 Time Table에 따라 어떻게 움직이고, 뭘 해야 하는지 머릿속으로 simulation 해보면 나처럼 우왕좌왕하지 않을 거 같다.

〈 Time Table에 따른 시험장 행동 〉

		순서대로
시험 전		‣ 일찍 도착하기 ‣ LC 빨리 듣기 or 단어 등 정리한 거 훑어보기
파본 검사		‣ 파본 검사 하면서 문제도 살짝 보기
Part 1	**Direction**	‣ Part 3·4 문제·보기 긴 것들 skimming or Part 5 풀기
	문제풀이	‣ 문제 풀면서 OMR 바로 옮겨적기
Part 2	**Direction**	‣ Part 3·4 문제·보기 긴 것들 skimming or Part 5 풀기
	문제풀이	‣ (가능하면) 문제 풀면서 OMR에 바로 옮겨적기
Part.3 / 4		‣ 성우가 문제를 읽기 시작하면 다음 3문제 Skimming 하기 ‣ 답 나올 시간 된 거 같은데 모르겠으면 버리고 다음 문제로 넘어가기
Part.5		‣ 잘 모르겠으면 찍고 넘어가기
Part.6		‣ 잘 모르겠으면 찍고 넘어가기
Part.7		‣ 잘 모르겠으면 찍고 넘어가기 ‣ Article 나오면 한 번호로 찍고 넘어가기 ‣ 종료 15분 전에 OMR 1차 표기
종료 후		‣ 채점은 ETS가 잘 해줄 것이니 나는 다음 시험 준비 시작하기

제4장

듣기·읽기 능력 향상법

1. 어떻게 하면 잘 들릴까?

- Dictation vs Shadowing vs 한두 번 읊조리기 -

 토익은 흔히 실제 영어 능력과 크게 관계없이 학원에서 가르쳐주는 skill을 통해 어느 정도 점수를 얻을 수 있는 시험으로 알려져 있다. 일정 부분 맞는 점도 있지만, 영어를 듣고 LC 문제를 푸는데 기본적인 듣기능력이 뒷받침되지 않는다면, 뭐라고 말하는지 알아들을 수 없다면,

 아무리 많은 skill을 배우더라도 일정 수준 이상의 점수를 따내는 것은 거의 불가능에 가깝다.

 영어가 안 들리는 이유는 연음 현상으로 소리를 생략하고 줄여서 일 수도 있고, 미국·영국·호주 등 나라별로 발음이 차이 나서 일 수도 있지만, 가장 중요한 건 독해 자체가 안되기 때문이다. 글로 써놔도 독해가 안되는 내용을 귀로만 듣게 되면 당연히 뭐라고 하는지 알 수가 없다.

 일단 LC스크립트를 읽으면서 바로 이해할 수 있을 정도의 독해력이 필요하다. 예를 들어, 문제에서 "Good morning, everyone. I love you"

라고 했다면 이건 99% 사람들이 다 알아들을 수 있다.

속도가 빨랐든 느렸든, 미국인이 말했든 호주인이 말했든, 스피커가 좋았든 안 좋았든 다 알아들을 수 있다. 왜냐하면, 이건 우리에게 매우 쉽고 익숙한 표현이기 때문이다.

하지만, 만약 "We've decided to start offering reimbursement, covering tuition and other fees, for all employees who take classes at the local business school."이라고 했다면 많은 사람이 알아듣기 힘들어 할 것이다.

만약 알아들을 수 있었다면 그 사람은 일단 이 문장을 눈으로 빠르게 훑으면서도 바로 직독직해해서 의미를 잡을 수 있는 사람이다. 어려운 단어라면 reimbursement(환급), tuition(수업, 수업료) 정도이고 나머지 단어는 어렵지 않은 수준이다. 그런데도, 바로바로 의미가 와 닿지 않는다면 LC 스크립트들을 보면서 독해가 되는지 먼저 점검해 봐야 한다.

물론 LC 찍기 방법 등 학원에서 가르쳐주는 skill들을 알면 더 쉽게 문제에 접근할 수 있지만, 우선 들어보고, 스크립트를 본 다음 다시 들어보고, 안 들리는 부분을 다시 듣고 따라 하면서 독해와 듣기 능력을 같이 향상시켜야 한다.

듣기능력 향상의 바이블이라고 할 수 있는 Dictation과 Shadowing, 그리고 내가 했던 대충 한두 번 읊조려보기를 소개해 본다.

Dictation(받아쓰기)

Dictation은 원어민이 말하는 것을 받아 적는 것이다.

먼저 고전적인 방법은 Part3·4 지문 하나를 선택해서 전체 받아적기를 하는 것이다. 보통 지문 1개가 6~8문장 정도로 구성되어 있으니까 6~8문장을 받아 적는다고 생각하면 된다. 아주 짧은 문장이 아니면 처음에는 1문장 받아 적기도 힘들다.

① 처음부터 끝까지 들어보면서 대략적인 분위기를 파악한다.

② 다시 들으면서, 들린 부분까지 받아 적고 다시 듣는다.

③ 적을 수 있는 부분까지 적고, 다시 듣는다.

④ 한 번 더 적을 수 있는 부분까지 적고, 다시 듣는다.

⑤ 영 안 들리면 비워 놓는다.

⑥ 이렇게 1지문 전체를 내 나름대로 받아 적어본다.

- -

⑦ 1지문을 다 적었으면 Script와 비교해본다.

⑧ 1문장씩 틀린 부분을 수정하면서 다시 들어본다.

⑨ 다시 다음 문장을 수정하면서 다시 들어본다.

⑩ 그렇게 1지문을 다 수정하면서 들어본다.

⑪ 1지문 전체를 들어보면서 그래도 안 들리는 부분을 한 번 더 점검하고 다시 들어본다.

난 이걸 딱 1지문 해봤다. 1지문 하는데 1시간 넘게 걸렸고, 힘들고 피곤했다. 몸과 마음이 지쳐서 더는 할 수가 없었다.

좀 간단하게 dictation 해보고 싶은 사람은 해커스 토익 사이트(앱)에 있는 "매일 실전 LC 받아쓰기"를 활용할 수 있다. 하루에 3문장씩 올라오고, 문장 전체가 아닌 일부분은 미리 보여주고 일부분만 받아쓰기해보고 맞춰보는 형식이어서 힘들다는 느낌은 없다. 자투리 시간을 활용해서 매일 5분, 10분씩 투자하면 LC 청취능력이 나아질 수 있다.

Dictation은 영어 듣기 능력을 키우기 위한 가장 대표적이고 고전적인 방법이다. 하루에 1지문 정도씩 집중해서 꾸준히 하게 되면 듣기능력이 확실히 올라간다고 한다. 치명적 단점은 시간이 오래 걸리고 힘들다는 것이다.

나는 1지문 하는 것도 너무 힘들고 지쳤다. 그래서, 해커스에 있는 "매일 실전 LC 받아쓰기"를 몇 번 했었는데, 사실 이것도 꾸준히 하지는 못했다. 나에겐 조금 지루한 방식이었다.

시간도 있고, 끈기도 있는 사람에게만 추천한다.

Shadowing(따라 말하기)

Shadowing : 그림자라는 뜻.
즉, 원어민이 말하면 그것을 그림자처럼 따라 말하는 것이다.

방법은 먼저 지문을 1개 들어본다. 처음에는 Script를 보지 않고 순수하게 들으면서 최대한 의미를 파악해본다. 뭐 하는 사람들이, 어디에서, 어떤 주제의 얘기를 하는지만 잡을 수 있어도 성공이다.
그리고 Script를 보면서 해석한다. 영어 Script와 한글 해석을 비교해보면서 지문의 내용을 숙지하고, 주요 어휘 등을 정리한다. 내용 숙지한 것을 바탕으로 다시 들으면서 눈으로 한번 따라 보고, 입으로 한번 따라 읽어본다.
이제 눈으로 보지 않고, 원어민 발음을 듣기만 하면서 따라 말해본다. 따라 말하다가 막히게 되면 다시 되돌려서 따라 말해본다. 따라 말하기 어려워서 버벅대는 부분은, 될 때까지 반복한다. 1.0배속 따라 하기가 영 힘들면 처음엔 0.8배속 등 속도를 좀 늦춰서 해도 된다.

따라 말할 때 중요한 것은 발음과 억양 모두 흉내 내는 것이다. 원어민이 말하는 것을 그야말로 그림자처럼 그대로 흉내 낸다. 말할 수 있어야 제대로 들을 수 있기 때문이다.

확실히 많은 사람이 듣기능력 향상에 도움을 받았다고 한다. 많은 학원에서도 shadowing을 가르치고 있다. 학원 강사가 shadowing 하는 영상을 보고 대단하다고 생각했다.

하지만, 난 이것도 몇 번 해보고 포기했다. shadowing을 따로 했을 때 나는 좌절감을 느꼈다.

대충 한두 번 읊조려보기

나는 듣기능력 향상의 바이블이라고 dictation, shadowing 둘다 포기했다. Dictation은 시간이 오래 걸리고 지겹고 힘들었다. Shadowing은 몇 번 해봐도 도저히 따라 읽어지지 않았다. 발음도 씹히고, 속도를 쫓아가지도 못했다. 따라 읽지 못하는 날 보면서 짜증 나고 하기 싫어졌다.

정확히 받아적을 때까지 반복하는 dictation, 정확히 따라 말할 때까지 반복하는 shadowing은 안 그래도 영어에 자신이 없던 나한테 '난 역시 안 되나 봐' 하는 좌절감만 주었다.

그래서 나는 그냥 맘 편하게 "대충 한두 번 들어보고 읊조려보기"를 했다. Dictation이나 shadowing 대신 이 방법을 권장하는 토익 강사들도 있으니 아주 별로인 방법은 아닐 것이다.

LC 문제를 풀어본다. 틀렸거나 안 들렸던 부분을 한두 번 다시 들어본다. 그리고 입으로 발음과 억양을 흉내 내본다. 대신 이걸 지문 전체를 완벽하게 따라 하거나 들릴 때까지 다시 듣는 노력을 하지는 않는다. 한두 번만 해보고 만다.

그리고 내가 추가했던 것은 운전하면서 계속 반복해서 듣기였다. 내가 보던 LC 문제집은 테스트 별로 LC 음원을 전체 듣기/part별 듣기/개별 듣기로 나누어서 제공해줬다.

운전하기 전에 한 part를 풀고, 해석하고 다시 들으면서 review한다. 그리고 운전하면서 해당 part를 계속 반복해서 듣는다.

part별 음원 시간이다. 운전을 40분 동안 한다고 하면 Part2는 4번, Part3·4는 2번 정도 반복해서 들을 수 있다.

	음원 길이
Part1	3분
Part2	8 ~ 9분
Part3	17 ~ 18분
Part4	14 ~ 15분

대신 라디오나 노래 듣는 것처럼 흘려듣지는 않아야 한다. 나름 집중해서 들으면서 뭐라고 하는지 이해하고, 중간중간 따라 하려고 노력했다. 대신, 따라 하기가 완벽하게 되지 않는다고 스트레스는 받지 말자. 원래 따라 하기는 어려운 거니까.

어쨌든 영어 듣기를 꾸준히 하려고 노력했고, 내 LC 점수는 느리긴 했지만, 꾸준히 올라갔다.

Dictation이나 shadowing이 잘 안된다고 절망하지 말자. 물론 이것들을 꾸준히 연습해서 잘하게 된다면 더 획기적으로 점수가 올라갈지 모른다. 하지만 dictation과 shadowing 잘하기가 우리의 목표는 아니다.

목표는 토익 LC점수 받기다. Dictation, shadowing 하느라고 너무 힘들고 스트레스받는다면 그냥 편안하게 한두 번 듣고 따라 해보기만 해도 LC점수는 향상될 수 있다.

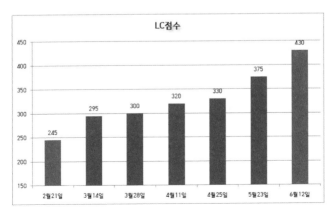

2. 어떻게 하면 잘 읽힐까?
- 패러프레이징 & 어려운 문장 정리 -

Paraphrasing(다른 말로 바꾸어 표현하기)

토익을 경험해 본 결과, Paraphrasing은 절대적으로 정리해야 한다. 패러프레이징은 동의어, 유의어, 상위어 등으로 불린다.

영어는 기본적으로 같은 단어 반복하는 걸 싫어한다고 한다. 지문에서 '공부했다'를 사용했으면 문제에서 다시 '공부했다'를 사용하는 게 아니고 '학습했다'를 사용하는 식이다. 지문에서 '바보'라고 표현했으면 문제에서는 '멍청이'라고 하는 것이다.

이런 식으로 지문과 문제에서 의미는 비슷한데 단어만 바꿔치기 하는 방식으로 많이 활용한다. 토익 말고 토플, IELTS 같은 공인영어시험에서 굉장히 많이 활용되고 있다.

예를 들어보자. 이 문제는 3개의 단서를 찾아야 한다.

지문	문제
YOU'RE INVITED Who: --- Where: --- When: December 7 at 2:00P.M. _____. Please join us in the stadium clubhouse at 1:00P.M. for a light snack before the game. (Note: For transit employees and their guests only.)	1. What will happen at 1:00P.M. on December 7? (A) The stadium will close (B) A football game will begin (C) Refreshments will be served (D) An awards ceremony will be held

문제는 December 7의 at 1:00P.M.에 무슨 일이 일어나는지 묻고 있다. 지문은 초대장이고, 초대하는 날짜 December 7은 상단에, 그리고 at 1:00P.M.은 하단에 그대로 명시되어 있으므로 찾기 어렵지 않다.

이 문제에서는 지문의 light snack이 문제 보기에서 Refreshments로 패러프레이징 되어있다. 이 2개 단어 패러프레이징은 그다지 어렵지 않다.

하지만, 만약 light snack과 Refreshments가 서로 호환된다는 사실이 익숙하지 않았다면, 1~2초 버퍼링이 생길 수 있다. 그리고 혹시 마음이 급했다면 두 단어를 연결하지 못하고 엉뚱한 보기를 답으로 적을 수도 있다.

이번에는 문제와 정답보기 양쪽에 패러프레이징 된 문제다.

지문	문제
INFORMATION ‑‑‑‑‑‑‑‑‑‑‑‑‑‑‑‑‑‑‑‑‑‑‑‑‑‑‑‑ ‑‑‑‑‑‑‑‑‑‑‑‑‑‑‑‑‑‑‑‑‑‑‑‑‑‑‑‑ ‑‑‑‑‑‑‑‑‑‑‑‑‑‑‑‑‑‑‑‑‑‑. There are forms to fill out and procedures to follow, so check the Web site for details on how to take advantage of this policy.	1. According to the information, how can people find out more? (A) By going online (B) By speaking with a chairperson (C) By joining a video-conference (D) By reading a manual

문제는 find out more 추가정보를 찾으려면 어떻게 해야 하는지를 묻고 있고, 추가정보가 지문에서는 for details로 표현되어 있다. 추가정보를 찾는 방법으로 지문에서는 check the Web site 하라고 되어있고, 보기에서는 going online으로 패러프레이징 되어있다.

패러프레이징은 RC(part7)에서만 쓰이는 게 아니다. LC(part3·4)에서도 매우 중요하다. 아래 part3 문제를 한 번 살펴보자.

2번 문제를 먼저 보자. 이 문제는 남자가 무엇을 물어보는지에 대한 질문이고, 3개 포인트를 잡으면 답을 맞힐 수 있다.

① the man이 질문하는 것이므로 남자 목소리에 집중한다.
② What ~ ask about을 찾는 것이므로 남자가 무언가를 질문할 때 더 집중한다. 여기서는 What would be가 나오는 순간 여기가 포

지문 스크립트	문제(3개)
M:Hi, I'm a guest here at the resort. I plan to do some sightseeing today, and I have a question. W:Certainly. What can I help you with? M:I'm interested in visiting a couple of historic neighborhoods. What would be a good way to travel around to see them? W:---. M:---. W:---.	1. What does the man say he plan to do today? (A) Go sightseeing (B) Attend a conference (C) Purchase some gifts (D) Stop at a bank 2. What does the man ask about? (A) Internet access (B) Use of a fitness center (C) Transportation options (D) Nearby restaurants 3. --- ?

인트구나 하고 노려서 들어야 한다.

③way to travel 이 단어가 나오는 순간 보기 지문에서 Transportation options가 패러프레이징 된 정답인 걸 바로 잡아낸다.

1번 문제는 plan to do와 sightseeing이 지문 시작하자마자 나왔고, 문제에도 그대로 나왔으므로 무난하게 맞출 수 있고, 맞춰야 한다.

마지막으로 part4 1문제만 예로 들어보겠다.

지문 스크립트	문제(3개)
Hello, This is Ms Kim from Slate Rentals. I'm calling about the beach house that you reserved for the week of April 22. I apologize, but we've realized that there was an error in our booking system. The beach house isn't available at that time. Instead, I'd like to put you in another house. Take a look at the pictures I've sent you by e-mail. This place is more expensive, but we'd rent it to you for the same price as your origin booking. Now, I'm currently holding this property open for you, but it is very popular. As always, you can reach me at my office number.	1. What is the speaker calling about? (A) A construction project (B) A rental property (C) A tour bus reservation (D) A house-cleaning service 2. What did the speaker send to the listener? (A) A customer review (B) A cost estimate (C) Some photos (D) Some coupon 3. What does the speaker imply when she says, "It is very popular"? (A) The listener should respond quickly (B) The listener must pay more (C) A product is unavailable (D) A location will be crowded

1번의 경우 calling about이 나오는 순간 노려 듣기를 해야 한다. 지문의 the beach house that you reserved가 정답보기에서 rental property로 패러프레이징 됐다. 이걸 들으면서 해석하면서 하려면 버퍼링이 생긴다. house를 들으면서 property로 눈을 돌리고, reserved를 들으면서 rental을 바로 연결할 수 있어야 한다.

2번이 조금 더 어렵다. pictures에서 photos를 연상하기는 어렵지 않지만, I've sent you했다는 게 pictures보다 뒤에 나왔다. 앞뒤를 연결해서 풀었다면 다행이지만 I've sent you가 나오기 전에 pictures를 못 들었다면 과감히 포기하고 3번으로 눈을 내려야 한다.

3번은 LC에서 가장 어렵다는 '의도파악' 문제다. It is very popular라고 말한 의도를 맞추라는 거여서, 맥락을 통해서 유추할 수밖에 없다. 여기서 정답은 (A) The listener should respond quickly이다.

의도파악 문제는 어렵다. 그래서 보기 ABCD를 보면서 와 닿는 답이 있으면 바로 찍어야 하고, 그렇지 않고 1~2초 생각해 봤는데 모르겠다면, 그리고 성우가 문제를 읽기 시작했다면 그냥 찍고 다음 문제를 Skimming 해야 한다.

그럼, 패러프레이징이 실제 문제에서 이렇게 많이 활용되는데 어떻게 준비해야 하나? 방법 자체는 간단하다.

문제를 풀고, 말씀드린 대로 형광펜 review를 한다. 형광펜 review는 LC에서 Part3·4, RC에서는 Part7에서 하면 된다. LC 스크립트나 RC 지문에서 정답의 힌트를 주는 부분하고, 문제 보기에서 정답을 같은 색깔로 색칠한다. 그리고, 단어나 문장이 같지 않고 변형된 것들을 따로 정리한다.

정리하는 방법은 노트를 반으로 가르고 왼쪽에 힌트 표현, 오른쪽에 문제의 정답 표현을 적어놓는다.

그리고, 이것을 암기하는 것은 아니다. 우리는 단어 암기하는 것만으로도 힘들다. 패러프레이징은 암기라기보다는 일단 정리해놓고 한 번씩 쓱 훑어본다. 그리고 내 머릿속에서 의미전환이 바로바로 안 되는 것은 표시해 놓고 다음에 볼 때 중점적으로 본다. 여러 번 보다 보면 단어의 변환, 의미의 전환이 익숙해질 것이다.

그리고, 유튜브에서 '토익 패러프레이징'을 검색해보면 토익 고수들이 패러프레이징을 잘 정리해놓은 영상이 여러 개 나온다. 운전하면서, 지하철·버스 타면서, 걸어가면서 그 시간을 그냥 흘리지 말고 보고 듣는 데 사용해서 좀 더 빨리 토익을 졸업하자.

패러프레이징 정리했던 방법

commercial	advertisement
company	client
not disappointed	impress
spending too much time	waste work time
road ~ Icy	road conditions
providing shuttles	offer a shuttle service
open a second housewares	opening another location
I don't think that ~	disagree with colleagues
Lumber store	wooden
build some tables and chairs	make furniture
come out to the street	go outside
nutritional	healthy~eating
suggestion box / submit ideas	providing feedback

해석 잘 안 되는 문장 정리하기

토익을 하다 보면, 단어 자체가 어려워서(나에게 생소해서) 해석이 안 되는 경우가 있다. 이건 일단 단어를 정리해서 내 걸로 만드는 작업이 선행되어야 하고, 이후 문장구조 등을 보면서 정확한 의미로 해석될 수 있게 연습해야 한다.

그런데, 단어가 어렵지는 않은데 해석이 잘 안 될 때도 있다. 난 아래 문장도 해석이 잘 안 됐다.

"We will celebrate our relocation with a month of special deals on all car rentals."

'celebrate', 'relocation', 'deals', 'rentals' 등 어려운 단어는 하나도 없다. 그런데 나는 이 문장을 처음 봤을 때 '축하하겠다는 건 알겠는데, 특별한 거래를 했다고 축하하는 건가?' 의미가 잘 와 닿지 않았다.

이 문장을 정확히 해석하면 "우리는 모든 차량 임대에 대한 한 달간의 특별거래(할인)로 우리의 이전을(이사를) 축하할 것이다"이다. 이전 기념으로 할인해 준다는 거였다.

이렇게 쉬운 단어로 구성되어 있는데 해석이 안 되는 문장, 그리고 단어도 어렵고 문장도 길고, 문장구조도 복잡해서 해석이 안 되거나 해석이 돼도 시간이 너무 오래 걸리는 문장들을 따로 정리해야 한다.

정리법은 크게 2가지다. 나처럼 영어문장을 쓰고 그 밑에 해석을 적는 방법, 아니면 공책을 반으로 갈라서 왼쪽에 영어, 오른쪽에 해석을 쓰는 방법도 있다. 개인 취향에 맞는 방식으로, 잘 읽히는 방식으로 정리하면 될 거 같다.

단, 주의해야 할 점이 2가지 있다.

첫째, 해석을 직독직해로 써야 한다. 아시다시피 우리말과 영어는 어순이 반대다. 그래서 영어를 해석할 때 일반적으로는 처음부터 순서대로 읽다가 뒤에서부터 엮어서 해석하게 된다.

하지만, 이렇게 하면 처음부터 한번 갔다가 다시 돌아와야 하므로 시간이 오래 걸린다. 토익뿐 아니라 영어를 학습하면서, 읽고 의미를 바로바로 잡을 수 있도록 직독직해를 계속 연습해야 한다. 따라서 문장 정리할 때 해석도 의미 단위별로 순서대로 정리하면서 직독직해 능력을 키울 필요가 있다.

두 번째는, 하루에 너무 많이 하지 않는 게 좋다. 문장을 정리하는 건 ① 정리하면서 다시 한번 보고 ② 다음날 또다시 한번 보고, 잘되는 건 지우고, 새로 더하고 ③ 다음날 또다시 한번 보고, 잘 되는 건 지우고, 새로 더하고 하는 용도다.

그런데, 첫날 의욕이 너무 넘쳐서 30~40개씩 문장을 정리해버리

- Ideal for new business 신규 사업의 인테리어로.

- The sleek, modern design features floor-to-ceiling windows.
  ↳ 세련되고 현대적인 디자인 / 특징으로 한다 / 바닥에서 천장까지 통유리

168. It would be great to have someone attend from corporate office
  ↳ 좋겠다 / 누가가 참석하면 / 본사에서

We will celebrate our relocation with a month of special
deals on all car rentals.
  ↳ 우리 축하할거야 / 이전을 / 한달간의 / 특별거래로 / 모든 차량 렌털에

As I planned, we will celebrate our relocation ~.
  ⇒ He is responsible for an office relocation

면, 일단 정리하면서 지치고, 다음날 다시 볼 때 많아서 지치고, 새로
운 걸 더하면서 더 지치게 된다. 그날 공부한 분량에서 진짜로 해석
이 잘 안 되는 문장 10개 정도만 추려서 정리하는 게 더 낫다.

3. 어떻게 하면 문법·어휘 잘 맞출까?

– 외울 거 외우기 & 오답 노트 정리

외울 거 외우기

토익은 영어 시험이고, 영어는 외국어다. 외국어를 공부할 때, 시험을 준비할 때는 외울 건 외워줘야 한다.

토익에서 외울 건 당연히 많다. 외운다기보다는 여러 번 반복해서 익숙해지게 하고, 시험 볼 때 별생각 없이 바로바로 기계적으로 반응할 수 있게 해야 하는 것들이 꽤 있다.

먼저 단어를 외워야 한다. 당연하다.

그리고, 동사별로 특징을 알아야 한다. 목적어를 가지지 않기 때문에 수동태로 쓰일 수 없는 자동사가 무엇인지, 4형식이나 5형식으로도 사용되는 타동사가 무엇인지 알아야 한다.

명사와 명사가 합쳐진 복합명사도 외워야 하고, 패러프레이징도 반복해서 봐줘야 한다.

그중에도 Part5를 '1초 문제'로 만드는 핵심방법이 3개 있다.

❶'연어'라고 불리는 collocation, ❷특정 단어와 어울리는 전치사, ❸'전·접·부'라고 불리는 전치사·접속사·부사의 품사 구분이다. 이건 필수다. 효과 "짱"이다.

〈연어_Collocation〉

비슷한 의미이긴 하지만 서로 친한, 어울리는 단어의 조합이 따로 있다. 우리말로 예를 들어보자.

물을 사용해서 무언가를 깨끗이 하는 행동을 표현할 때,

①손과 발은 '씻는다', ②머리는 '감는다', ③얼굴은 '씻는다' 또는 '세수한다', ④물건은 '닦는다'라고 한다. 만약 외국인이 머리를 '씻는다'라고 해도 얼추 알아들을 수는 있을 것이다. 하지만 어색하다. 머리는 '감는다'라고 해야 제격이다.

이런 식으로 서로 어울리는 단어끼리의 조합을 영어로 collocation이라고 한다. 연어, 관용어구 등으로도 불린다. 이것 역시 단어의 범주이기 때문에 이해하는 게 아니다. 영어권 사람들이 그냥 습관적으로 쓰는 거라 그냥 익숙해져야 한다.

'watch'도 '보다', 'look at'도 '보다'라는 의미다. 그렇다면 목적어로 'TV'가 있다면? 'watch TV'라고 한다. 'look at TV'라고 하면 말

은 되는데 어색하다.

주어 뒤에 빈칸이 있고 동사로 increase 또는 decrease가 있다. 그리고 보기 중에 considerably, significantly, sharply, dramatically 같은 정도를 나타내는 부사가 있으면 이게 답이다. increase, decrease와 너무 잘 어울린다.

이게 Part5에서 꽤 자주 나온다. 모르고 있으면 4개 보기별로 해석하면서 이리저리 맞춰봐야 하지만, 알고 있으면 1초 문제가 된다. 단, Collocation은 꼭 그 형태만 답이 된다는 것은 아니다. 하지만, 보기에 어울리는, 내가 아는 Collocation 단어가 나오면 그냥 그걸로 찍었을 때 맞을 확률 90% 이상이다. 빠르고 정확하다.

예를 들어보자.

101. Each year, Albert Company sets ……… sales goals for its staff.
(A) compact
(B) wealthy
(C) faithful
(D) realistic

빈칸 앞뒤를 보면 'sets ……… sales goals'이고, 보기가 모두 형용사이므로 결국 'goals'을 꾸미는 형용사를 찾는 문제다.

'compact goal → 작은, 소형의 목표?', 'wealthy goal → 부유한,

풍부한 목표?', 'faithful goal → 충성스러운 목표?'

이거를 생각할 필요가 없다. 토익은 비즈니스 영어가 주된 내용이고, 회사나 개인의 목표를 얘기할 때 잘 어울려서 자주 수식해 주는 단어가 '야심 찬 목표', '현실적인 목표', '공동의 목표' 등이다.

즉, 'goal'과 관련해서 'ambitious goal', 'realistic goal', 'common goal' 이 3개가 대표적인 연어이고 (D)realistic이 있으므로 이걸로 찍고 넘어가면 된다.

〈 대표적인 Collocation / 정리방법 ① 〉

문제	해석	Collocation
_____ emphasis on	강조하다.	put / place
speak _____	직접 / 간략히 말하다.	directly / briefly
_____ problem _____ issue	문제를 해결하다.	address
_____ an order	주문하다	place
	고객의 주문을 처리하다.	fill / process
_____ goal	야심 찬 / 현실적인 / 공동의 목표	ambitious / realistic / common
_____ interrupt _____ suspend	잠시 중단 / 유보하다	temporarily
_____ of tasks	업무 위임 / 분담	delegation / division
calculate _____	정확히 계산하다.	precisely
_____ a policy _____ a standard	방침 / 기준을 채택하다.	adopt
_____ a policy	방침·제도를 시행하다.	implement
_____ the standard	기준에 부합하다.	meet / fulfill
_____ concerns	우려를 표현하다.	express / voice

〈 대표적인 Collocation / 정리방법 ② 〉

문제	해석	Collocation
____ award	저명한 상	prestigious
____ decision ____ lawsuit	보류 중인 결정 진행 중인 소송	pending
____ material	홍보자료 보충자료	promotional supplementary
____ one's request	~의 요구를 수용하다.	fulfill / accommodate
____ the right	권한을 가지다.	have / reserve
____ the right	권한을 행사하다.	exercise
____ local economy	지역경제를 활성화하다.	boost
____ a meeting	회의를 소집하다.	call
____ a campaign	캠페인을 벌인다.	launch
____ public	공표하다	make
____ predict	신중하게 예측하다	cautiously
____ an agreement	합의에 이르다.	reach / come to
assume a ____	책임을 지다.	responsibility

〈친한 전치사〉

똑같은 의미라도, 즉 우리말로 대충 해석해봤을 때 이래도 말이 되고 저래도 말이 되더라도, 단어별로 친하게 지내는 전치사가 따로 있다. 문제를 보자.

101. The Steak House will be open ········· a special sales on weekend.
(A) from
(B) around
(C) for
(D) by

이 문제를 대하는 의식의 흐름은, ① **'be open' 뒤에 전치사 넣기 문제군** → ② **그럼 (C).** 이게 끝이다.

해석하지 않는다. 'be open' 뒤에 오는 전치사는 'to' 아니면 'for'다. 'be open to'는 '~에게 개방되다.'라는 뜻으로 'to' 뒤에 사람 등 대상이 나온다.

'be open for' 뒤에는 명분, 이유가 나온다. 이 문제에서는 'special sales'을 위해서 '문을 연다' 정도로 해석하면 된다.

보기에 'to'가 있었으면 해석해야 했지만, 'for'만 있으므로 더 고민할 필요가 없다.

문제 1개만 더 보자.

102. DC Supply has shown strong growth heading ········ the end of the
fiscal year.
(A) among
(B) into
(C) around
(D) between

이 문제도 마찬가지다. ① **동사의 피가 흐르는 동명사 'heading'**
뒤에 전치사를 넣는 문제군 → ② 그럼 (B).

'head'가 동사 역할을 할 때 'to' 아니면 'into'하고 친하다. 'head
to'는 '~로 향한다.'라는 뜻이다. 'go to'와 같다.

'head into'는 '부딪히다, 진입하다. (시기·장소)가 진행되기 시작
하다' 정도의 의미로 사용된다. 이 문제는 '회계연도 말에 진입하면
서 강한 성장세를 보여줬다'로 해석될 수 있다.

만약 'depend' 뒤에 빈칸이 있고 전치사를 넣는 문제가 있다. 그
리고 보기 중에 'on'이 있다. 그럼 아마 고민하지 않고 우리는 'on'을
답으로 찍을 것이다.

같은 맥락이다. 다만 'depend on'은 우리에게 익숙하고, 'open
for', 'head into'는 익숙하지 않은 차이일 뿐이다.

이렇게 단어별로 친한 전치사를 몇 개 외워놓으면, 시간을 꽤 단축

하면서 정확하게 답을 찾을 수 있다.

〈 친한 전치사 / 정리방법 〉

문제	해석	전치사
participate ( )	~에 참가하다.	in
apply ( )	~에 지원하다.	for
subscribe ( )	~을 정기구독하다.	to
comment ( )	~에 대해 논평하다.	on
put up ( )	~을 참다.	with
result ( )	~하게 되다. 결과를 초래하다.	in
	~에서 비롯된다. 때문이다.	from
enroll ( )	~에 등록하다.	in
register ( )		for
interfere ( )	~을 방해하다.	with
account ( )	~을 설명하다.	for
be responsible ( )	~할 책임이 있다.	for
be related ( )	~와 관련이 있다.	to
be associated ( )		with
be used ( )	~에 익숙하다	to
be familiar ( )		with

〈전·접·부〉

whenever와 however의 차이점이 무얼까? 그렇다, whenever는 '~할 때마다', however는 '그러나'의 뜻으로 쓰인다.

그런데 그것보다 더 중요한 차이점이 있다.

whenever는 **접속사**,

however는 **부사**(접속부사)라는 점이다.

이것은 문제에서 주어와 동사가 2개 있고, 빈칸이 문장을 연결하는 접속사를 넣으라는 의도면 접속부사인 however는 우리말로 해석했을 때 말이 되느냐 안되느냐와 관계없이 정답이 될 수 없다는 뜻이다.

반대로, 문장에 주어와 동사가 1개이면, 접속사인 whenever는 정답이 될 수 없다는 뜻이다. 문제를 보자.

101. Samdong Corporation will hire rough 100 new employees ·········
the next year.
(A) ideally
(B) while
(C) somewhere
(D) over

동사 'hire'가 타동사이고, 목적어 'employees'가 있으므로 완성된 문장이다. 그리고 빈칸이 있고 다시 명사구인 'the next year'가 있다. 따라서 빈칸은 명사구를 이끌 수 있는 전치사가 필요한 자리다.

(A) 'ideally'은 '이상적으로'라는 뜻이다. 무슨 뜻이든 관계없다. 'ideally'은 부사다.

(B) while'은 '~동안에'라는 뜻이다. 무슨 뜻이든 관계없다. 'while'은 접속사다.

(C) 'somewhere'는 '어디선가'라는 뜻이다. 무슨 뜻이든 관계없다. 'somewhere'는 부사 아니면 대명사다.

(D) 'over'만 전치사다. 따라서 의미가 어떻게 되든 'over'가 정답이다. 해석하지 않고 품사만 구별해서 풀 수 있다.

다른 전·접·부 문제다. 역시 해석하지 않는다.

101. Mr. Smith will cover anytime-sensitive work ········ Mr. Lee is on vacation.
(A) along
(B) besides
(C) while
(D) then

'Mr. Kim will~'이라는 문장이 앞에 있고, 'Mr. Lee is~'라는 문장

이 또 있다. 어울리는 접속사 찾기 문제다.

(A) 'along'은 '~을 따라서'라는 뜻이다. 무슨 뜻이든 관계없다. 'along'은 전치사다.

(B) 'besides'는 '~외에도'라는 뜻이다. 무슨 뜻이든 관계없다. 'besides'는 전치사 아니면 부사다.

(D) 'then'은 '그리고 나서, 그때'라는 뜻이다. 무슨 뜻이든 관계없다. 'then'은 부사다.

(C) 'while'만 접속사다. 따라서 의미가 어떻게 되든 'while'이 정답이다. 해석하지 않고 품사만 구별해서 풀 수 있다.

그래서, 전치사와 접속사, 접속부사를 외울 때는 물론 그 의미를 알아야 하지만, 그것 못지않게 품사적 역할을 정확하게 암기하고 있어야 한다.

전·접·부 문제는 꽤 많이 나온다. 여러 번 반복해서 봐서 익숙해져야 한다. 아닌 게 나왔을 때 감각적으로 치워버릴 수 있어야 한다. 외워보고, 문제를 통해서도 익숙하게 답을 찾아갈 수 있도록 연습해야 한다.

〈 전치사, 접속사, 접속부사 품사 구분 〉

only 전치사

according to	~따르면	during	~동안
against	~반대하여	following	~후에
ahead of	~보다 앞선	in addition to	~에 더해서
along	~을 따라서	in regard to	~에 관하여
along with	~와 함께	in spite of	~에도 불구하고
among	~사이에	instead of	~대신에
apart from	~을 제외하고는	like	~처럼
around	~주위에	on account of	~때문에
as a result of	~의 결과로	on behalf of	~를 대신해서
as for	~에 관하여	opposite	~맞은편에
as of + 시간	~부터	owing to	~때문에
as to	~에 관하여	prior to	~전에
aside from	~을 제외하고는	regarding	~에 관하여
because of	~때문에	regardless of	~와 상관없이
below	~아래에	thanks to	~덕분에
beside	~옆에	through	~을 통해서
between	~사이에	throughout	~내내, ~전역에
by	~까지,~에 의해	together with	~와 함께
concerning	~에 관하여	unlike	~와 달리
despite	~에도 불구하고	within	~내에
due to	~때문에	without	~없이

194

only 접속사

although	비록 ~이지만		in order that	~하기 위해서
as if	마치 ~처럼		now that	~이니까
as long as	~하는 한		provided (that)	~하는 경우에는
as soon as	~하자마자		providing (that)	
as though	마치 ~처럼		unless	~하지 않으면
because	~이기 때문에		whenever	~할 때마다
by the time	~할 때까지		whereas	~인 반면에
even if	비록 ~일지라도		whether	~인지 아닌지
even though	~에도 불구하고		while	~동안
in case	~한 경우에			~인 반면에

only 접속부사

afterward	그 후에, 나중에		instead	그 대신
as a result	결과적으로		meanwhile	그동안에
beforehand	사전에, 미리		moreover	더욱이, 게다가
consequently	결과적으로		nevertheless	그럼에도 불구하고
furthermore	게다가		nonetheless	
however	그러나		on the contrary	그와는 반대로
in addition	게다가		otherwise	그렇지 않으면
in fact	사실		therefore	그러므로

전치사 & 접속사

after	~후에
as	전 ~로서 / 접 ~이기 때문에
before	~전에
considering	~을 고려하여
since	전 ~이래로 접1 ~이래로 / 접2 ~이기 때문에
until	~까지

전치사 & 접속부사

besides	전 ~외에도 / 부 게다가

접속사 & 접속부사

once	접 일단 ~하면 / 부 한때는
yet	접 그러나 / 부 아직도

오답 노트

영어문제에 대해 사람마다 각자 다 그간 나름대로 쌓아왔던 접근 방식이 있고, 버릇이 있다. 그래서 맞는 문제는 계속 맞는데, 틀린 문제는 또 계속 틀린다.

틀린 문제 계속 틀리기를 멈출 수 있는 좋은 방법이 오답 노트를 정리하고 한 번씩 다시 보면서 숙지시키는 거다.

그런데 문제가 있다. 틀린 걸 확인하고 머리에 다시 한번 새기는 거에 더해서 손으로 또 쓰는 건 힘들고 귀찮은 일이다.

그래도 어쩌겠는가. 틀린 걸 계속 틀려서는 토익 졸업은 요원한 일이다. 대신 다른 건 빼고 part5만 하면 된다는 게 통설이다.

오답 노트 정리할 때는 문제에는 답을 표시하지 않고, 대신 옆에 오답은 오답의 이유, 정답은 정답의 이유를 적어놓는 게 다시 보면서 기억을 되살리기에 좋다.

오답 노트를 정리해놓고, 주말에 다시 한번 보고, 시험 직전에 다시 보면서 왜 틀렸는지 고민해 본다면, 다음 시험에서는 틀리지 않을 수 있다.

제5장

맺음말 :
토익은 시험일 뿐이다

토익은 시험이고, 시험은 시험에 맞게 준비해야 한다.

토익은 영어 능력 전반을 평가하는 게 아니다. Listening과 Reading만, 그것도 객관식으로 평가하는 시험이다. 문제가 정형화되어 있다. 따라서, 정형화된 토익 문제에 맞춰, Listening과 Reading 능력을 향상시켜야 한다.

그 기본은 단어다. 단어를 외워야 한다. 그리고 문제를 풀어봐야 한다. 기본강의는 옵션이고, 문제풀이 강의는 될 수 있으면 들어보기를 추천한다.

문제를 풀고, 어디서 틀렸는지 확인하고, 몰랐던 단어, 패러프레이징과 오답 노트 등 다시 봐야 하는 것들을 정리한다. 정리한 걸 다시 보고 듣고, 반복 숙지해서 내 것으로 만든다.

이 과정을 지치지 않고 꾸준히 하게 되면, 대학생 포함해서 대한민국의 교과과정을 마친 사람이라면, 3~4달이면 800점 정도는 충분히 할 수 있다. 대부분 회사에서 토익을 기본적인 영어 능력 또는 학습능력 측정의 도구로 사용한다. 즉, 일정수준 이상이어서 기준을 PASS 하게 되면 더는 900점 인지, 880점 인지를 가지고 그 사람을 평가하지 않는다.

청년 포함 대한민국 성인은 할 게 많다. 토익만 하고 있을 수 없다. 토익점수가 필요하다면 필요한 점수를 뽑아내고 빨리 졸업해야 한다.

오래 하면 지치고 무기력해진다. 3개월이든 6개월이든 기간을 정해놓고 시간과 노력을 쏟아붓자. 그리고 토익을 빨리 졸업하고 취업이든, 전직이든, 승진이든, 행복이든 자신의 진짜 목표를 위해 매진하자.

난 지금 외국에 나갈 준비를 하고 있다. 토익을 처음 시작할 때 목표했던 대로 토익 800을 넘겼고, 그것을 바탕으로 회사에서 외국에 파견 보내는 대상에 포함됐다.

외국에 나가면 무엇이 나를 기다리고 있을지 모르겠다. 인종차별을 당할 수도 있고, 총 들고 다니는 갱단을 만날 수도 있다. 길거리에서 마약 하는 사람을 만날 수도 있다고 한다. 제대로 못 읽고, 알아듣지 못해서 크고 작은 사기를 당할 수도 있을 것이다.

겨우겨우 토익 800을 넘겼지만, 외국인이랑 제대로 대화해 본 적은 한 번도 없다. 가자마자 갑자기 귀가 뚫리고 입이 트일 리 없다. 외국에서 어떻게든 외국 사람하고 소통하면서 일을 해야 한다. 은행에 가서 통장도 만들어야 하고, 핸드폰도 개통해야 하고, 살 집도, 타고 다닐 차도 rent 해야 한다는데 말도 안 통하는 곳에서 잘 할 수 있을지 모르겠다. 걱정할 게 한두 개가 아니다.

그런데, 신난다. 나이 오십이 다 됐지만 재미있고 기대된다. 토익 목표점수를 넘겨서 졸업했고, 그것을 통해 외국에 나갈 기회를 잡았다. 게다가 이렇게 책까지 쓰고 있다. 토익이 나에게 완전히 새로운 경험을 주고 있다.

이 책을 보신 분들이 무슨 이유로 토익을 준비하고 계시는지 모른다. 나처럼 외국에 나가기 위해서일 수도 있고, 회사에서 승진하기 위해, 다른 회사로 전직하기 위해, 아니면 정말 순수하게 영어공부의 일환일 수도 있지만 대부분 취업에 필요한 스펙으로 준비하고 있을 거 같다. 힘들고 귀찮고 짜증 나겠지만 토익을 빨리 끝내서 필요한 요건을 갖추고, 더 나아가 토익을 통해 새로운 기회로 나아갈 수 있기를 진심으로 응원합니다.

마지막으로, 내가 토익을 준비하면서 조금 더 쉽고 빠르게 방향을 정하고, 준비하고 결국 졸업할 수 있도록 도와주신 강사, 유튜버 등 선배 토이커 분들에게 감사드린다.

	도와주신 분	이미지
공부 기본방향	‣ 군대에서 토익 900 - 저자 공병우 -	
기본강의	‣ ETS TOEIC 단기공략 750+ - 강사 박혜원 -	
문제풀이 강의	‣ ETS TOEIC 정기시험 기출문제집2 - 강사 박혜원 -	
	‣ 해커스 토익 적중예상 특강(매월) 〈LC〉강사 한승태, 임세훈, 한나 등 〈RC〉강사 김동영, 주대명, 이상길 등	 **토익 적중예상특강** 이번 시험에 나올 문제!
	‣ 해커스 매일 실전 LC/RC - 강사 김진영, 임세훈, 에리카 설 등 -	
유튜브	‣ 아무튼영어	**아무튼영어** 구독자 4.24만명
	‣ 훈글리시	**훈글리시** 구독자 1.88만명

TOEIC 800 따라 하기

초 판 1 쇄 2022년 5월 1일
지 은 이 전연진
펴 낸 곳 하모니북

출판등록 2018년 5월 2일 제 2018-0000-68호
이 메 일 harmony.book1@gmail.com
전화번호 02-2671-5663
팩   스 02-2671-5662
홈페이지 harmonybook.imweb.me
인스타그램 instagram.com/harmony_book_

ISBN 979-11-6747-046-1 03740
ⓒ 전연진, 2022, Printed in Korea
값 17,600원

이 도서의 국립중앙도서관 출판예정도서목록(CIP)은 서지정보유통지원시스템 홈페이지
(http://seoji.nl.go.kr)와 국가자료공동목록시스템(http://www.nl.go.kr/kolisnet)에서 이용
하실 수 있습니다.